# Bur Sogns Historie - 3

## Supplement til del 2

Afskrift af fæstebreve, skifter, aftægtskontrakter, skøder m.m.


Samlet og afskrevet

## Verner Villadsen

AF191921


Redigeret og udgivet

## Jens Erik Villadsen

vestjyder.dk/bur

Udgiver 2017:
Jens Erik Villadsen
Vestjyder.dk
CVR:37623458

Manuskript:
Verner Villadsen
1919 - 2011

Redigering, opsætning og foto
- hvis ikke andet er nævnt:
Jens Erik Villadsen
mail@vestjyder.dk

Forsidebillede:
Nørre Vosborg
Herfra kommer det
meste materiale i
denne bog

Forlag: BoD – Books on Demand, København, Danmark
Fremstilling: BoD - Books on Demand GmbH - Norderstedt, Tyskland

ISBN: 9788771883824

# Der er kildemateriale/afskrifter fra følgende adresser

## Bur Kirkevej 1
## Burgaard
## Matrikelnr. 1.a.

### Fæstebrev til Hans Christensen Søe i 1775

Kiendes jeg underskrevne Sophie Linde til Nørre Vosborg, at have stæd og fæst, som jeg hermed stæder og fæster til velagte unge karl Hans Christensen Søe, een min Gaard i Buur Sogn beliggende, Burgaard kaldet, som udi nye Matricuel for 10 Tønder 4 Skjæpper 1 Fjerdingkar 2 Album Hartkorn. Hvilken Gaard velbemeldte Hans Christensen -Søe sin Livs Tid maa nyde bruge og beholde med ald dens tilliggende Grund og Ejendom, Ager og Eng, Hede og Fællig, Drift og Grøft, samt tilhørende Eng, Øgfælled kaldet, og hvad ellers dertil ligger, og af Arilds Tid tillagt haver, fri for Ægt og Arbejde samt Arbejdspenge, og ald Hoveri i alle optænkkelige Maader, imod at han betaler af fornæfnte Gaard alle Kongelige Contributioner, som nu ere eller her efter paabydes vorder. Item yder mig Aarligen ved hver Martini Tide her paa Nørre-Vosborg til Skyld og Landgilde 30 Rigsdaler, skriver tredive Rigsdaler dansk Curandt. Sine Tienstefolk, som hand fra andre Fæstere bekommer maa ligesaa ubehindret fri for min Tiltale passe, re, og ellers skal hand være fri for ald Lægsmands Tieneste.  Desforuden lover jeg at i fald afmeldte Hans Christensen Søe ved Ægteskab med Sønner af Gud skulle blive velsignet, de da i saafald af mig til Hans Maistæts Tieneste skal være eroallerede.

I det øfrige haver den fæstende sig efter Kongelige allernaadig ste Lou og Forordninger at rette.

> *Dette til Bekræftelse under min Haand og forseglede Signete.*
> *Nørre-Vosborg den 2den Aprils 1755.*
> *Salig H. Leth s Efterladte.*
> *Sophie Linde.*

Ovenmeldte Fæstebrevs ligelydende Indhold haver jeg i Dag i 2de Danemænds overværelse til mig annammet, og lover jeg een gang hvert Aar i en belejelig Tid tillige med de andre frie Bønder giøre een - Dagberg-Reise, i hvilket uagtet det er blevet forglemt at indføre i Fæstebrevet, skal dog alligevel af mig blive holdt, saa længe jeg lever.

> *Nørre-Vosborg den 2den Aprils 1755.*
> *Hans Christensen Søe.*
> *Til Vitterlighed.*
> *Mogens Larsen Brølling. Christen Thomsen Baastrup.*

### Skifte efter Bodil Katrine Ivarsdatter i 1770

Anno 1770 den 25 august som rette 30te Dag, var mødt i Sterfboet (Dødsboet) i Burgaard, Skifteforvalteren, Landsdommer Christen de Leth til Nørre-Vosborg med tiltagne 2de Mænd nemlig Laurids Tang af Ulfborg og Niels Jensen Hedegaard i Vemb Sogn, for at taxere og vurdere Boet til endelig skifte og deling imellem Enkemanden Hans Christensen Søe og hans afdøde Hustru Bodil Katrine Ivarsdatter og deres samaulede Børn navnlig: Ivar 14 aar - Else Kirstine 11 aar - Ane Kathrine 9 aar - Sophie 7 aar - Christen 5 aar - Ane Marie 2 AAr - Susanne seks uger.

Til stede i Stervboet var ogsaa Enkemanden Hans Søe, samt paa Børnenes vegne den afdøde kones plejefader velagte Christen Thomsen Bastrup fra Holstebro og hendes Broder agtbare Anders Iversen Leegaard, Borger og Negoliant (købmand) i Lemvig. Enkemanden tilbød at udrede 200 Rigsdaler til deling mellem Børnene, dog skulle Summen staaende i Boet, til han kunne skaffe kapitalen, og derfor udstedtes Obligation til Overformynderiet, det tiltraadtes og blev underskrevet af.

*Christen Thomsen Bastrup.  Anders Ivarsen Leegaard.*
*Laurids Tang. Niels Jensen.*
*Hans Christensen Søe.       Christen de Leth.*

## Fæstebrev til Ivar Hansen Søe i 1780 og 1791

Jeg Christen Linde Fridenrich til Pallisberg, Stenumgaard,Krogsdal Hovedgaarde kiendes herved: at som Hans Søe, Fæsteren paa Burgaard under Nørre-Vosborg Gods i Buur Sogn, har begjæret sin ældste Søn Ivar maatte vorde Burgaard i fæste overdraget, naar Faderen enten ved døden maatte afgaa, eller finde for godt til ermeldte Søn at oplade, efter truffende forordning Acordt om sine Søskendes Fædrene Arv, samt Forældrenes ophold af Gaarden, som dog besluttes i oværelse af Herskabet, der saadan forandring tilligemed ratifiserer.

Paa slig Vilkaar jeg og hermed stæder og fæster ovenmeldte Iver Hansen Søe berørte Burgaard, som udi nye landmaalings Matricuel No.1 i Øster-Bur findes ansat for Hartkorn 10 Tønder. 4 Skjæpper 1 Fjerdingkar. 2 Album, med sin tilliggende Ejendom og Bygninger og Besætning efter foreningen som meldt, at maa antage og beholde i fæste og brug saa længe hand lever og deraf svarer alle nuværende og paakommende Kongelige Contributioner til Forfaldstiderne og den sædvanlige Landgilde efter Jordebogen til hver Martini i rede Penge 30 Rd. skriver Tredive Rigsdaler, samt forretter 1 Material og 1 Korn Rejse som forhen og ligemed andre hovningsfrie Gaarde her paa Godset Aarlig; holder Stædets Bygninger og Besætning (der afleveres i forsvarlig Stand) ved hævd og lige, og samme forbedre; Gaarden tilbørligen driver og dyrke, intet af Gaardens tilliggende Ejendomme lader forvilde eller til upligt bruge, meget mindre fra Stædet paa nogen maade forsvinde eller bortkomme; men sig som en Fæster efter Hans Maistæts allernaadigste Lou og Anordninger at forholde.

*Dette til Bekræftelse under min Haand og Signete, samt Fæsterens derpaa*
*givne Revers.*
*Datum Sønder-Vosborg den 25 april 1780. C.L.Friedenrich.*

Ligelydende Original Genpart Fæstebrev haver jeg Undertegnede her i Dag annammet,
hvilken jeg og med denne min Paategning reverserer mig i eet og alt at holde mig
efterrettelig under mit Fæstes fortabelse.

*Datum Sønder-Vosborg ut Supra.*
*Ivar Hansen Søe.*
*P.S. Ved indførte Rejse skal allene forstaas 1 Korn og 1 Material Rejse*
*Aarlig som til Ringkiøbing eller Lemvig eller lige lang Vej.*
*Datum ut Supra.*
*C.L.Friedenrich.*

En halv snes aar senere valgte Hans Christensen Søe at overlade fæstet af Burgaard til
sønnen, og fæstebrevet fra 1780 traadte i kraft.

## Aftægtscontrakt til Hans Christensen Søe i 1791

Jeg, Hans Christensen Søe, har formedels alderdom og skrøbelighed, og med min Hustrus
vilie og samtykke afstaaet og overladt vores af, tægtshavende Gaard "Burgaard" kaldet,
til vores ældste Søn Ivar, nu at antage udi fæste og besiddelse. Gaarden overleveres ham
efter det under 25 april 1780 af daværende husbondmeddelte Fæstebrev, tillige med den
deraf befindende Besætning og Inventarium samt hvad der er af Ind og Udboe i navnlige
maader, undtagen hvad herefter er reserveret og bestemt til vores ophold med videre
samt reserveret mine andre Børn til udflyening, som baade hand og de skal finde sig
fornøjet med. Han giver mig og min Hustru vores fornøden og tilbørlig ophold med
opvartning alt upaaklagelig saa længe, vi lever, og vi beholder imidlertid vores
sovekammer.

Derforuden skal der indsættes 200 Rigsdaler paa Rente for min Hustru, som hun aarlig
nyder Renterne af, naar jeg med døden maatte afgaa. Og dersom hun da efter min død ej
skulle finde sig fornøjet med at forblive hos sin Stedsøn, skaffer han hende et
bekvemmelig værelse med ug og Kakkelovn udi; som og nyder ald Husgeraad, hun
behøver til eget brug. Desuden giver han hende Aarlig til ophold 2-1/2 Tønde Rug og
2/1/2 Tønde Byg, af hvilket det sidste Biøres hende i saa meget i godt forsvarlig Malt,
som hun behøver, og lader det altsammen male, bage og brygge for hende eftersom, hun
det nyder og det foruden Ildebrand, der indbæres hende, især om Vinterdage. Saa og
daglig 1-1/2 potte sød Mælk fra Juul til Mikkelsdag, og i den øvrige Tid 1 potte daglig,
samt Aarlig 4 Snese Hvilling, 4 Torsk, 1 lispund Smør, de 8 pund om Sommeren og de
otte pund om Vinteren, 8 pund Tællig og 1 potte Brændolie til hendes Lampe og 4
Rigsdaler til andre Ting. Hun overlades et Stykke Jord i Gaardens Hauge til de for hende

fornødne Kaal og Kiøkkenurter. Derforuden udtager hun 2 gode Faar af Flokken, som hendes Stedsøn, føder og græsser for hende paa hans Agre. Og naar hun ved døden afgaar da de halve Penge som bliver i behold af de formeldte 200 Rigsdaler deles mellem hendes Arvinger; Mens de øvrige halve i beholdning der af skal tilfalde og deles imellem hendes Stedpigebørn. Hendes egne Arvinger nyder ogsaa hendes Gangklæder allene, mens alt andet hvad hun haver, saasom Seng, Kakkelovn og andre Møbler skal være hendes Stedsøn Ivar Hansen tilhørende, imod at han forskaffer hende det istandsat paa hans egen Bekostning, ligesom han ogsa forskaffer hende en forsvarlig begravelse.

Men da ovenanførte ikke bestemmer uden min Hustrus Aftægt, saa dersom det imod forventning skulle ske, at vor Søn Ivar ved døden skulle afgaa før os, da nyder jeg Hans Sø til ophold af alle Slags lige som min Hustru, der altsaa bliver dobbelt til os begge, imod hvad for hende blev bestemt. I saafald bliver jeg ogsaa hans Arving, med mindre han skulle efterlade sig Hustru eller Livsarvinger, i hvilken fald jeg forlods nyder til ophold 200 Rigsdaler, og ifald noget deraf bliver i behold, deles det iblandt mine Arvinger efter min død.

*Den 18 Maj 1791.*
*Hans Christensen Søe.*          *Ivar Hansen Søe.*
*Paa Hustruens Vegne Fr. Lyngby.*
*Christen Jensen Nørager.*          *Christen Mørk.*
*Stephansen*

## Skifte efter Hans Christensen Søe i 1795

Anno 1795 den 17. april som var rette trevte Dag efter afgangne Hans Christensen Søe i Burgaard under Nørre-Vosborg Gods i Bur Sogn indfandt sig sammesteds i Sterfboen Skifteforvalteren paa Hr. Peder Tangs vegne sammes Fuldmægtig Christen Steenum, med 2 tiltagne Vitterlighedsmænd Sognefoged Poul Nielsen Pøtgaard og Christen Jensen Graakjær, begge fra Bur Sogn for at holde lovlig skifte og deeling efter bemeldte afdøde imellem hans efterladte Enke Ane Christensdatter og hans af sit første ægteskab avlede og efterlevende Børn som to Sønner og fem Døtre. For de to gifte Søstre var mødt deres Ægtemænd navnlig Christen Mørk af Nees og Christen Jensen Nørager, Nees.

De tre ugifte Søstre til Ivar Hansen Søe, opholdt sig alle hjemme i Burgaard, som Formynder for dem var af den afdøde i levende live, beskikket at skulle være Christen Mørk af Nees for Sophie, Christen Jensen Nørager af Nees Ane Marie, Christen Sand af Skiærum-Mølle i Ulfborg for Sussanne Hansdatter, af disse var de to førstnævnte tilstede, Christen Sand var syg og Christen Mørk overtog saa hans hverv for Sussanne. Saa var og tilstede Enken med antagen Lauværge velværdige Hr. Steendorp Sognepræst til Giørding-Vemb-Buur.

Sønnen Christen Hansen Søe opholdt sig paa Tyrstrupgaard i nærheden af Kristiansfeldt og var ikke tilstede; men af Broderen underrettet om dødsfaldet.

Boet blev registrret og vurderet, og det endelige skifte blev udsat til 12 juni.

Ved dette skifte erklærede Enken Ane Christensdatter fornøjet med Contrakten fra 1791, hun har modtaget de 200 Rigsdaler, som nævnt i Contrakten, der blev den 18. maj udstedt Obligation til Proprietæren paa Ulfsund Christen Harpøth, der saa udbetalte hende pengene.

Desuden blev det bestemt, at sønnen Christen Hansen Søe, Tyrstrupgaard skulle have i fædrene arv 300 Rigsdaler, Else Kathrine Hans-datter gift med Christen Mørk i Jørgensgaard i Nees maatte nøjes med 50 Rigsdaler, det samme beløb blev tilkendt Ane Katrine Hansdatter, der var gift med Christen Jensen Nørager i Nees,

### Verner skriver:
*De havde nok modtaget en pengesum, da de begge blev gift. Sophie Hansdatter ugift 31 aar, Ane Marie Hansdatter ugift 26 aar, Sussanne Hansdatter ugift 24 aar, alle tre hjemme i Burgaard, skulle hver have 150 Rigsdaler.*

*De tre ugifte døtres mødrenearv var ikke blevet udbetalt fuldt ud og skulle ogsaa udredes af boet, saa de hver nu skulle have 175 Rigsdaler, der skulle udbetales dem til Snapsting 1796. For at det kunne gaa rigtigt til, blev godsejer Peder Tang beskikket til formynder for pigerne.*

### Skifte efter Ane Margrethe Jacobsdatter, Ivar Søe´ enke i 1859
Aar 1858 den 9. september mødte herredsfoged exam. jurist F.Poulsen med vidner og vurderingsmænd, sognefoged Jacob Madsen og Jens Christian Andersen paa Burgaard i Bur sogn for at registere og vurdere efter den herved paa stedet den 5te forrige maaned afdøde fæsterske Ane Margrethe Jacobsdatter, Ivar Søe, enke.

Skifteforvalteren fremlagde en fra godsejeren, Etatsraad Tang, til Nørre-Vosborg, modtagen skrivelse af iste dennes, hvorefter arvingerne begære skiftet afholdt.

Mads Christensen som er gift med en søster til den afdøde og hidtil har bestyret gaarden, fremstod og opgav i anledning af, at det er over 30 aar siden Ivar Hansen Søe døde, og han og den nu afdøde Ane Margrethe Jacobsdatter ikke i deres ægteskab har avlet børn, og ingen af dem har efterladt sig livsarvinger.

Han opgav dernæst, Ivar Hansen Søe arvinger at være:
1. En broder Christen Hansen Søe, der har været bosat i nærheden af Christiansfeld i Tyrstrup sogn, denne broder er død for 29 aar siden; men har efterladt sig børn, om hvilke Mads Christensen i dag ikke kan give nogen oplysning.

2. En søster Else Hansdatter, der har været gift med Christen Mørk i Møborg sogn, som begge er døde og har efterladt sig børn, som Mads Christensen i dag ikke kan give nøjagtig oplysning om.

3. Trine Hansdatter, der har været gift med Christen Nørager Nees, som begge er døde og har efterladt sig følgende børn. En søn Jens Christensen, der har været bosat i Thorsted sogn, han er død og har efterladt sig børn, som Mads Christensen ikke kan opgive. Endvidere en søn Hans Christensen, som bor i Nørtang i Ulfborg sogn. En søn Christen Christensen bosat i Vestergaard i Hygum sogn. En datter Ane Kirstine Christensdatter, enke efter Jens Vester-Refsgaard i Ulfborg.

4. Sophie Hansdatter, der har været gift med Christen Steenum, der var bosat paa Sønder-Vosborg i Ulfborg, de er begge døde, har efterladt sig sig en søn Hans Steenum paa Sønder-Vosborg, og en søn Peder Steenum bosat i Meldgaard i Ulfborg sogn.

5. Ane Marie Hansdatter, der har været gift med pastor Maaberg, der har været sognepræst i Gjørding-Vemb-Bur, de er begge døde uden at efterlade sig livsarvinger.

6. Susanne Hansdatter, der har været gift med Simon Holm i Ulfborg sogn, de er begge døde og har efterladt sig følgende børn. En søn Hans Peter Simonsen af Holm i Ulfborg, der er død og har efterladt sig børn, som Mads Christensen ikke kan opgive. En datter Ane Katrine Simonsdatter, der er gift med gaardmand Søren Breed i Vemb.


Ane Margrethe Jacobsdatters arvinger er:
1. En broder Christen Jacobsen af Stroustup i Idom, som er død; men har efterladt sig følgende børn:
    1. En søn Jacob Christensen, skolelærer i Neifling sogn.
    2. En datter Zidsel Marie Christensdatter, gift med Jens Nielsen i Lille Blæsbjerg i Raasted sogn.
    3. En datter Ane Margrethe Christensdatter, gift med Jens Kalsgaard i Stroustrup i Idom sogn.
2. En broder Anders Jacobsen af Brokkenhus i Vemb sogn.
3. En søster Abelone Kirstine Jacobsdatter, enke efter gaardmand Jens Laursen i Vemb, for tiden i Sønderby i Gjørding sogn.
4. En søster Karen Jacobsdatter, der har været gift med Laurids Tamstrup i Idom sogn som begge er døde; men har efterladt sig deres børn, som er:
    1. En søn Christen Lauridsen Tamstrup, bosat i Neb i Aulum sogn.
    2. En datter Zidsel Lauridsdatter, gift med Niels Høgsberg i Idom sogn.

3.  Ane Lauridsdattter, gift med Henrik Idomlund, Idom sogn.
5.  En søster Maren Jacobsdatter, gift med Jens Laursen af Alstrup i Naur sogn, hun er død men efterladt sig en datter, Ane Jensdatter 30 aar ugift opholder sig i Alstup i Naur sogn.
6.  En søster Ane Jacobsdatter, som før nævnt er gift med Mads Christensen her i gaarden.

Da Mads Christensen har besørget den afdødes begravelse, hvorved han forbeholdt sig nærmere at indgive regning.

Der har mellem afdøde. Ivar Hansen Søe og hans nu afdøde hustru været oprettet testamente, hvorefter Boet ved den længstlevendes død skal deles imellem begges arvinger.

Dette testamente, som er i skifteforvalterens værge, vil nærmere blive fremlagt.

## Fæstebrev til Christen Andersen i 1861
Andreas Evald Meinert Tang, ejer af Nørre-Vosborg med underliggende bøndergaarde, Kongelige Maistæts virkelige Etatsraad, R.af D., samt Landvæsenscommissær i Ringkøbing Amt gjør vitterlig, at da forrige fæster Ivar Hansen Sø's enke Ane Margrethe Jacobsdatter af Burgaard nu er død, stæder og fæster jeg herved til Christen Andersen, den her under godset i Bur sogn, Hjerm herred, beliggende gaard Burgaard kaldet, under nyt matr. nr. 1. i ovennævnte sogn af hartkorn 9 tønder - 7 skjæpper - 2 fjerdingkar - 2 3/4 album., gammelskat 35 rigsdaler - 3 mark - 1 skilling, tilligemed de i med forhæftede synsforretning overleverede bygninger, besætning og inventarium, som Christen Andersen og hans hustru, hvis hun overlever ham og forbliver i enkestanden, skal nyde bruge og beholde paa den maade loven bestemmer for livsfæstere og forøvrigt under følgende vilkaar:

1. Svarer han i aarlig landgilde til hvertc"Iste november lige-ledes her paa gaarden 120 rigsdaler, dog paa grund af en overenskomst med hensyn til bygningernes opførelse de første fire aar, eller aarene 1861-62-63-og 64.

2. Svarer han af gaarden, dens hartkorn og dens personer alle kongelige skatter, paabud og byrder, saavel til statskassen som til kommunen, af hvad navn nævnes kan til rette og anordnings mæsige tider naar tilsagt vorder, skatterne her paa gaarden uden byrde for godsejeren, i lige med de paa ejendommen hvilende tiende til rette vedkommende.

3. Den paa Burgaards ejendom værende "Lund" eller "Krat" paalægges det ham at holde ved hævd og magt, saaledes at samme bliver indhegnet og fri for kreaturers drift. Endvidere maa han ikke omhugge træer uden godsejerens indvilligelse; men derimod planter nye træer paa de pladser, hvor gamle træer er udgaaede eller forkomne, alt paa jord som dertil er udset og nærmere ved overenskomst mellem godsejeren og fæsteren

bestemmes. Bemeldte "Lund" staar under godsejerens opsyn alt i overensstemmelse med lovgivningen om fredskov. Det tillades godsejeren med familie at besøge stedet, naar ønskes og der gøre indretning med gange, lysthuse etc.

4. Sognepræsten til Gjørding-Vemb-Bur forbeholdes sædvanlig staldrum til sine heste i ladegaarden, og præsten saavel som degnen fornøden husly i vaaningshuset før og efter gudstjenesten i Bur kirke.

5. Holder fæsteren altid bygningerne og besætningen i samme stand, som det er ham overleveret ifølge vedhæftede vurderings-forretning af Iste oktober dette aar, paa den maade og under de betingelser, som forordningen af Sende marts 1838 fastsætter. Bygningerne holder han altid forsikrede til deres virkelige værd -J..landets "Almindelige - Brandkasse" og betaler deraf den aarlige brandkontingent.

6. Gaarden dyrker, driver og gjøder fæsteren vedbørlig og lader intet derfra bortkomme af foder, gjødning etc. til anden ejendom, uden godsejerens skriftlige tilladelse. Sluttelig tilføjes at gaarden har samme hartkorn og tilliggende som i forrige fæsters tid, og at fæsteren svarer i indfæstning 1.200 rigsdaler, hvoraf halvdelen er betalt og resten erlægges før juni termin 1865 og afskrives paa nærværende fæstebrev.

> Dette til bekræftelse under min haand og godsets segl, samt fæsterens givne revers.
> Nørre-Vosborg den 27 december 1861.
> A.E.M.Tang.

At jeg har modtaget et med dette reversal ligelydende - originale fæstebrev, med den deri nævnte syns og overleveringsforretning vedhæftet tilstaas herved, i det jeg forpligter mig til, at holde samme efterrettelig i alle dets ord og punkter.

> Christen Andersen.
> Til vitterlighed.
> Villum Christensen Pøtgaard. - med ført pen.
> P.C. Kjær.

## Kjøbecontrakt til Christen Andersen i 1867

I 1867 fik mange af Nørre Vosborgs fæstebønder deres gaarde overdraget til selveje, noget som de fleste andre bønder under egnens herregaarde for længst havde opnaaet.

Etatsraad Tang lod fremstille en trykt formular, der saa var ens for alle, der skulle herefte bare sættes forskellige tal paa og tilføjes, hvis der var noget særligt at tage hensyn til for denne ejendom.

Christen Andersen i Burgaard købte ved denne lejlighed ogsaa gaarden fri fra godset.

Her er contrakten i sit fulde ordlyd:

12

**Kjøbecontrakt.**

Oprettet imellem Etatsraad Godsejer Tang til "Nørre-Vosborg" som -sælger og fæster Christen Andersen som kjøber.

Jeg Etatsraad Tang til Nørre-Vosborg, erkjender og vitterliggjør herved til fæsteren Christen Andersen, at have solgt og afstaaet, ligesom jeg herved sælger og afstaaer til arvefæste med ret til at sælge og pantsætte, den af ham hidtil i fæstehavende ejendom under Nørre Vosborg gods Burgaard kaldet matr. nr.1 i Bur sogn, som jeg ejer ifølge tinglæst skøde af 14. december 1826 med paastaaende bygninger saaledes som disse nu befindes og tilliggende jordejendomme med hartkorn 9 tønder, 7 skjæpper, 2 fjerdingkar, 2-2/4 album, gammelskat 71 rigsdaler 2 skilling, samt denne ejendoms rette tilliggende og tilhørende paa følgende nærmere betingelser og vilkaar:

1. Med bygningerne følger disses mur og nagelfaste appertinentier, der ere intigrerede dele af samme, samt endvidere alt lad og eller oplagt loft i udlængerne. Tillige medfølger i kjøbet saavel den besætning som de avlsredskaber og inventarium samt det fødekorn og sædekorn, der i sin tid ved ejendommems overdragelse i fæste er overleveret kjøberen, fremdeles medfølger i kjøbet den ved ejendommen samlede gjødning som forefindes ved tiltrædelsen.

2. Ejendommen, der overdrages kjøberen med alle de rettigheder og forpligtelser, der nu paahviler samme, og saaledes som den har været ejet af sælgeren er allerede i kjøberens besiddelse.

3. Det solgte modtages i den stand, hvori det nu befindes, og staar fra dato for kjøberens regning og risiko i alle tilfælde.

4. Af ejendommen svares en aarlig arvefæsteafgift af 60 rigsdaler og en recognition af 120 rigsdaler naar ejendommen overdrages til ny arvefæster, der erlægges til sælgeren Etatsraad Tang og efterfølgende ejere af Nørre-Vosborg. Den aarlige arvefæsteafgift betales hvert aars iste november paa Nørre-Vosborg, første gang for indeværende aar næstkommende iste november.

Recognitionen ved forandring af ejer svares i den ilte juni eller 11te december termin, der følger nærmest efter nye ejeres tiltrædelse og under alle omstændigheder forinden skjødet til den nye arvefæster udstedes og antages til tinglysning.

Saavel den aarlige arvefæsteafgift som recognition ved forandring af ejer hviler med 1ste prioritet paa ejendommen med besætning og inventarium næstefter de kongelige skatter og frem for alle andre panthavere. Endvidere betaler kjøberen en kontant kjøbesum af 4.500 rigsdaler, der erlægges til sælgeren paa hans bopæl Nørre-Vosborg i næst kommende Ilte december termin dette aar i "Vest og Sønderjysk Kredit-forenings Obligationer".

Ønsker kjøberen det, kan hele kjøbesummen eller en deel af samme forblive indestaaende i ejendommen som laan af "Vest og Sønderjysk-Kreditforening, hos hvilken sælgeren har optaget et samlet laan, der ved godsets salg fordeles paa de enkelte ejendomme og berigtiges købesummen, paa denne maade skal kjøberen fra 1te december dette aar at regne forrente og afdrage, det af ham optagne laan med 5% - paa den i bemeldte kreditforenings statutter bestemte maade.

Sælgeren afholder bekostningen og tabet ved laanets optagelse; men kjøberen skal selv bære udgiften ved de nye obligationer, som bliver at udstede for beløbet af kjøbesummen eller den deel af samme,- der forbliver indestaaende i ejendommen.

Den aarlige arvefæsteafgift og den ved forandring af ejer betingede recognition skal i tilfælde af, at kjøbesummen overtages som laan hos kreditforeningen, træde tilbage i prioritet for saadant laan; men oprykningsret eftersom eller saa snart laanet til kreditforeningen indfries, idet kjøberen er uberettiget til at optage nyt laan med pant -- foran arvefæsteafgiften og recognitionen.

5. Saasnart kjøbesummen i overensstemmende under post 4 er betalt, eller berigtiget, vil der blive meddelt kjøberen lovligt arvefæste skjøde paa, ejendommen i overensstemmende med de fornævnte betingelser for salget, og skal sælgeren hjemle kjøberen det solgte fri for enhver behæftelse af penge eller pengeværdi.

6. Kjøberen udreder ligesom hidtil alle af ejendommen angaaende skatter og afgifter og præstationer, saavel til staten som kommunen 1ste januar dette aar.

7. Tienderne, for saa vidt de ejes af sælgeren, er undtaget salget.

8. Sælgeren afholder udgiften til det stemplede papir til nærværende kjøbecontrakt og til skjødet, hvorimod kjøberen selv bekoster skjødets tinglysning.

9. De særlige byrder, derunder aftægten, der maatte paahvile ejendommen, overtages af kjøberen.

10. Bankhæftelsen er indfriet og aktieretten er kjøberen uvedkommende.

11. Fornøden forbehold for den herved solgte ejendoms vedkommende tages med hensyn til den trufne overenskomst og eventuelle afstaaelse af Bur hede til bevanding, saaledes at denne overenskomst i et og alt opretholdes.

Jeg Christen Andersen tilstaar herved paa de foranførte betingelser at have afkjøbt Etatsraad godsejer Tang den omhandlede ejendom til arvefæste med ret til at sælge og pantsætte, forbinder mig herved til at betale eller berigtige den kontante kjøbesum til den fastsatte tid og for øvrigt at opfylde nærværende contract.

Godsejeren forbeholdt sig ligesom i fæstebrevet, fri adgang til kratskoven, ligesom præsten og degnen skulle have de samme rettigheder, som hidtil i gaarden.

> Nørre-Vosborg den 13. maj 1867.
> For Etatsraad Tang efter fuldmagt. E.Møller.
> Christen Andersen.
> Til vitterlighed.
> Jeppe Lillelund.        E.Jensen Veilstrup.

## Burvej 22
## Killingsig - Bursig
## Matrikelnr. 14a.

### Fæstebrev til Niels Christian Knudsen i 1796

Peder Tang til Nørre-Vosborg, kiendes og herved vitterligt giør, at som afgangne Peder Clemmensens enke. Inger Christensdatter i Buur Sig, her under mit gods i Buur sogn, har afstaaet sit fæste paa bemeldte sted, med begiering af samme i fæste maatte overlades hendes svigersøn Niels Christian Knudsen fra Vium i Ulfborg, som har ægtet hendes yngste datter paa følgende vilkaar! At enken, hos ham paa stædet nyder fornøden ophold af føde og klæder, pleje og husværelse, saa længe hun lever, samt en sømmelig jordefærd efter hendes død, efter den imellem dem i den henseende, oprettede contrakts yderlige formelering af dato 16 november sidst, der af mig er ratifiseret.

Altsaa stæder og fæster jeg hermed benævnte Niels Chr. Knudsen, berørte sted Bursig kaldet, som i nye matricuel er ansat for hartkorn 1 tønde - 3 skjæpper - 3 fjerdingkar - 1 album, hvilket han med sit tilliggende og tilhørende ejendomme, samt bygning og besætning, efter vedhæftede "Syns og Taxations Forretning af 24 november sidst, skal nyde og beholde udi brug og fæste, saa længe han deraf udreder alle kongelige matriuel og personelle skatter, som nu ere eller herefter vorder paabudet, til anordnede tider, samt betaler den sædvanlige landgilde aarlig til martiny med 3 rigsdaler.

Item aarlig forretter 3 dages pligts arbeide her til gaardens for¬nødenhed paa tilsigende. Holder stædets bygninger og den dermed overleverede besætning og inventarium i anordningsmæssig stand ved lige.

Og for resten i henseende ejendommens dyrkning og behandling med videre, holder sig "Hans kongelige Maystæts" lov og anordninger efrettelige.

> Bekræftes under min haand og segl, samt fæsterens givende revers!
> Nørre Vosborg den 16 december 1796.
> Peder Tang.

Ligelydende originale fæstebrev med forestaaende haver jeg underskreven rigtig modtaget, med den samme vedhæftede syns og Taxationsforretning af 24 november dette aar, og forpligter mig herved at holde mig samme i alle maader efterrettelig.

*Det bekræftes med min haands underskrift.*

*Datum ut supra. - Niels Christian Knudsen, Vium.*

Ved godsejerens hjælp, blev det ordnet saadan, at han byttede sted med Bertel Pedersen i Lille Ragborg.

Bertel Pedersen flyttede saa til Sig, sammen med sin elleve aar ældre hustru Kirstine Jensdatter, og en plejedatter Ane Kirstine, og hans gamle forældre, som han var forpligtet til at forsørge i Lille Ragborg, denne forpligtelse plejede ellers at følge gaarden; og ikke manden.

## Fæstebrev til Bertel Pedersen i 1830

Andreas Evald Meinert Tang, ejer af Nørre-Vosborg Hovedgaard - og underliggende bøndergods - giør vittert, at have stædet og fæstet, som jeg hermed stæder og fæster til Bertel Pedersen, et mig tilhørende sted "Bursig" kaldet i Bur sogn - af hartkorn 1 td. - 3 skj.- 2 fjdk. - 1.3/10 alb. - med bygninger, besætning og inventarium i overensstemmelse med den hoshæftede og tilforseglede Syns og Taxationsforretning, hvilke samtlige ejendomme med alle disses lovlige tilliggender, bemeldte Bertel Pedersen og hans hustru, om hun overlever ham og forbliver i enkestand maa beholde udi fæste og besiddelse deres livstid paa følgende vilkaar!

1. Svarer han af stedet og hartkornet alle kongelige skatter og andre offentlige afgifter, som nu ere eller herefter paabuden vorder, af hvad navn nævnes kan, bankrenten alene undtagen, til rette og lovbestemte tider, hvorfor bemærkes, at efterladelse og forsømmelse af denne fæsterens strængeste pligt virker ueftergivelig fæsteforbrydelse.

2. I aarlig landgilde betaler han under samme forpligtelse - hvert aars 1ste november paa Nørre-Vosborg 7 rigsbankdaler rede sølv; men er for øvrigt fri for arbejde til Nørre-Vosborg.

3. Den imellem ham og hans forældre oprettede underholdnings-contrakt, der af hosbonden er opbevaret, forpligter han at holde og opfylde i alle dens ord og punkter, under samme tvang, som i dette fæstebrevs Iste post er anmeldt.

4. Stedets bygninger, besætning og inventarium holder han altid i den stand, som det nu er ham overleveret og samme forbedre, hvorfor han til enhver tid er hosbonden ansvarlig. Han holder bestandig stedets bygninger forsikrede i "Landets almindelige Brandkasse", og han betaler den aarlige brandkontingent.

5. Det paaligger fæsteren i følge loven at gjøde, dyrke og drive stedets jorder vedbørlig og lovlig, hvorfor med videre fastsættes, at han bør modtage og følge det raad og den

vejledning, som jorddrotten maatte anse hensigtsmæssige til hans gaards drivt, inddeling - og forbedring, hvilke raad og vejledning dog ingenlunde maa sigte til noget, som ville overstige hans kræfter, eller gribe ind i fremmede og uvante bearbejdelses maader.

6. Den sømmelige respekt, agtelse og høflighed, som en fæster ifølge loven, saavel som forordningen af 8 juni 1787 og 25 marts 1791- er sin hosbonde, dennes forvalter og enhver anden hosbondens udsendte skyldig, er det hans pligt at udvise dem, ligesom han og lig enhver anden statens borger er pligtig at opfylde og rette sig efter alle kongelige anordninger og loven, i alt hvad som ikke udtrykkelig ved dette fæstebrev er nævnt eller bestemt.

Sluttelig tilføjes, at den herved bortfæstede sted har samme hartkorn i tilliggende, som i den forrige fæsters tid har tillagt samme, det bemærkes tillige, at fæsteren er fritaget for at svare indfæstning.

> Dette til bekræftelse under mit navn og segl, samt fæsterens givende revers.
> Nørre-Vosborg den 20 august 1830.
> A.E.M. Tang.

At jeg har modtaget ligelydende originale fæstebrev, med nævnte -Syns og Taxationsforretning vedhæftet, dette tilstaar jeg herved og forpligter mig at holde mig samme i alle punkter og ord efterrettelig, bekræfter jeg herved med mit navns underskrift.

> Datum utsupra.
> Bertel Pedersen.
> Til vitterlighed.
> Ole Jensen.    C.M.Bak.

At der paa Nørre-Vosborg gods i Bur sogn fortiden ingen fæsterledig gaarde befindes, bliver af henhold til lov 9. februar 1820 - herved attessteret.

> Nørre-Vosborg den 9 maj 1831.
> A.E.M.Tang.

## Burvej 24
## Kielsholm
## Matrikelnr. 7.a.

### Fæstebrev til Niels Pedersen i 1726

Hermed vitterliggjør at have stæd og fæst, som jeg hermed stæder og fæster til Niels Pedersen, en min gaard udi Buur Sogn beliggende, "Kielsholm" kaldet - skatter af 3 tønder 4 skjæpper 3 fjerdingkar -i album. Hvilket stæd han sin lifstid maa nyde bruge og beholde, med efterskrefne contributioner, som nu ere eller her efter paabydende vorder, yder mig til hver "Martiny" tider - en tønde rug - en tønde byg - 2 lispund smør - en rigsdaler i penge. Dette aars landgilde er ham eftergivet, svarer saa hoveri hertil som sædvanlig af tre bæster, og tager nu med gaarden den indaulede aul, samt hvis fæekreaturer og fire gode bæster - der findes. Antager nu stædet uden nogen udtaele til kongen til denne dag, og giver jeg havnem 2 lispund havre - 2 tønde rug - en tylt hanbielker, og fri for dags gafn sin lifstid. Husene forbedre og ved god lige holder, jorden ikke borleie eller fravender; men seners rette sig efter kongelige allernaadiigste lou og forordninger.

*Dette til vedhæftelse under min haand og signete.*

*Nørre-Vosborg den 30. september 1726.*

*H.Leths efterladte enke.*

*Maren Linde.*

## Fæstebrev til Christen Nielsen i 1766

Jeg Christen de Leth til Nørre-Vosborg "Ders kongelige Majestæts" landsdommer i Nørrejylland - kjendes og hermed vitterlig gjør - at have stæd og fæst - som jeg og hermed stæder og fæster til Christen Nielsen, én mig tilhørende gaard udi Buur sogn beliggende - anslagen udi matricuel hartkorn 3 tønder 4 skjæpper 2 fjerdingkar 1 album, "Kielsholm" kaldet, hvilket stæd fornævnte Christen Nielsen sin livs tid maa nyde bruge og beholde; imod at han deraf svarer alle kongelige skatter og contributioner, som nu ere eller herefter paabydende vorder - udi skyld og landgilde, betaler han aarligen her paa gaarden-2 lispund godt sommer-smør - 1 tønde rug - 1 tønde byg og 1 rigsdaler 12 skilling i penge til sædvanlige tider. Saa forretter han hoveri samt iøfrigt pligts arbejde lige med hans andre medtjenere uden repstion i nogen maade - naar anbefalet vorder, og hans gamle fader Niels Kielsholm i dag have afstaaet dette stæd til ham. Saa er saaledes aftalt at han for fremtiden forsyner ham med nødtørftig ophold og efter hans død en sømmelig jordefærd.

Sluttelig i henseende til stædets drift og øfrige opførsel, haver den fæstende sig efter "Hans Majestæts" lou og forordninger at rette.

*Nørre-Vosborg den 12. april 1766.*

*Christen de Leth.*

*Ovenstaaende og ligelydende originale fæstebrev haver jeg i dag paa behørig stemplet papir rigtig annammet og i alle maader lover at holde mig samme efterretlig.*

Til ydermere bekræfter haver jeg denne min revers selv underskrevet. (det var kun et faatal af bønder der kunne det dengang)

*Nørre-Vosborg ut supra.*

Christen Nielsen.

Til vitterlighed - Niels Jensen         Niels Pedersen.

## Fæstebrev til Niels Christensen Kielsholm i 1799

Niels Kjær Tang til Nørre-Vosborg kjendes og herved vitterliggjør, at have stædet og fæstet, ligesom jeg hermed stæder og fæster til Niels Christensen Kielsholm af Buur sogn, der nu er over 28 gammel-den gaard her paa godset i benævnte Buur sogn, "Kielsholm" kaldet, der staar for hartkorn efter nye matricuel - 3 tønder 4 skjæpper 2 fjerdingkar 1 album, som hans forældre tilforn har havt i fæste, og hans moder Karen Olesdatter nu for ham godvillig haver afstanden sit fæste paa - efter en imellem dem af dags datum oprettet contract om hendes ophold og aftægt af gaarden, hvilket befindes aat opfylde.

Denne fornævnte gaard med sit tilliggende og tilhørende ejendomme, tilligemed sammes bygninger og den derved værende besætning og inventarium, saaledes som det ifølge den her hos hæftede under 6te september sidst afhjemlede "Syns og Taxationsforretning" er befunden.

Bemeldte Niels Christensen skal nyde og beholde udi fæste og brug saa længe han af gaardens hartkorn udreder og betaler kongelige contributioner og personelle skatter af sig og familie, som nu ere, eller her efter vorder paabudet til aarligt "Sankthansdag"- 2 lispund frisk og godt sommersmør og til hver "Mortensdag" 1 rigsdaler 12 skilling i penge, samt sund og ren korn - 1 tønde rug 1 tønde byg - forordnet landgilde maal, dog dersom jeg skulle behøve rugen til sæd- her paa gaarden, da leverer fæsteren bemeldte en tønde rug aarlig til - "Michelsdag" i god forsvarlig sæderug, naar jeg det forlanger.

Item forrette hoveri som forhen af en halv plov eller tre bæster hertil hovedgaarden, ifølge den derom under 22. april 1796 vedtagne forening og bestemmelse, hvoraf en af amtmanden rerificeret udskrifter overleveret sognefogeden i Buur til efterretning for denne fæster og øvrige godsets hoverigørende bønder der i sognet.

Gaardens antagne bygninger og den efter ovenmeldte overleverings -forretning modtagne besætning og inventarium, holder han anordningsmæssig stand vedlige, jorden tilbørligen driver og dyrker, intet af tilliggende ejendomme til nogen upligt bruger - eller bruge lade, - mindre bortleje eller paa nogen maade fra gaarden lade forvilde og for komme.

Tillige viser fæsteren den sømmelig respekt og tilbørlige høflighed og lydighed imod sin hosbonde og dennes betjente ifølge politieforordningen af 25. marti 1791 - samt rette sig i øvrigt efter "Hans-kongelige Majestæts" lou og anordninger.

> Til bekræftelse under min haand og segl, samt fæsterens givende revers.
> Datum Nørre-Vosborg den 5. oktober 1799.

*Niels Kjær Tang.*

Ligelydende originale fæstebrev som forestaaende - haver jeg under-skrevet modtaget tilligemed den deri anmeldte Syns og Taxationsforretning - samme vedhæftet, tilforpligter jeg mig samme i alle maader efterrettelig, samt være ansvarlig i sin tid for den med gaarden modtagne besætning og videre - tilstaaer.

*Datum som for er meldt.*
*Niels Kielsholm.*
*Til vitterlighed underskriver.*
*Jens Madsbjerg.*          *Poul Rørsgaard.*


## Burvej 26
## Rørsgaard
## Matrikelnr. 6a.

### Fæstebrev til Mads Pedersen i 1756

Kiendes jeg underskrefne at have stæd og fæst, som jeg herved stæder og fæster til velagtede unge karl = Mads Pedersen Madsbjerg, en mig tilhørende gaard udi Buur sogn "Rørsgaard" kaldet, = som er anslagen udi nye matricuel for 4 tønder - 4 skjæpper - 3 fjerdingkar - hartkorn, hvilken han med rette tilhørende ejendom, han sin livstid maa nyde bruge og beholde med efterskrefne conditioner. Han skal deraf svare alle kongelige contributioner, som nu ere eller herefter paabydes vorder i rette tider. Item yder mig og efterkommende ejere ved rette tider gaardens aucorderede afgift aarlig, som er toe tønder rug - toe lispund smør og én rigsdalers penge, samt hoveri her til gaarden af 1/2 plov og ægt med de andre hovbønder. Med gaarden giver jeg hanem, foruden hvad derpaa findes af besætning med videre og penge 24 rigsdaler - 3 tønder rug - 1 tønde byg - 1 tønde malt - og nu næst forestaaende skyld smør, som af samme gaard skal svares.

I det øfrige haver den fæstende sig efter kongelige allernaadigste lov og forordninger at rette.

*Dette til bekræftelse under min haand og signere.*
*Nørre-Vosborg iste juni 1756.*
*Salig Henrik de Leths enke.*
*Sophie Linde.*

Ovennævnte og ligelydende fæstebrev reversere jeg selv her rigtig i tvende damemænds overværelse at have annammet paa behørig stemplet papir og lover virkeligen mod fæstebrevets forbrydelse samme her at holde mig efterrettelig, hvilket af mig selv underskrives til fæstehovedstedet tilligemed venlig ombedet velagtede Niels Jensen -og Mogens Møller i Skjærum, dette med mig til vitterlighed vil underskrive.

> *Nørre-Vosborg ut supra.*
> *Mads Pedersen Madsbjerg.*
> *Til vitterlighed.*
> *Mogens Larsen Brølling.*     *Niels Jensen.*

## Fæstebrevet til Poul Madsen i 1796

Peder Tang til Nørre-Vosborg kjendes og herved vitterliggjøre, at have stædet og fæstet, ligesom jeg herved stæder og fæster til Poul Madsen, født i Rørsgaard i Buur sogn, der nu er over 28 aar gammel -den gaard her paa mit gods i bemeldte Buur sogn "Rørsgaard" kaldet, der staar for hartkorn 4 tønder 4 skjæpper 3 fjerdingkar, som hans fader Mads Pedersen sidst beboede og fradøde; hvilken gaard med sit tilliggende og tilhørende ejendomme, bygninger, besætning og inventarium, der er overleveret fæsteren efter den herhos forhæftede " Syns og Taxationsforretning" af 30te juni sidst; benævnte Poul Madsen skal nyde og beholde udi fæste og brug sin livstid, eller saa længe - han deraf udreder alle kongelige contributioner, som nu ere eller herefter vorder paabudet til sædvanlige tider. Svarer i aarlig landgilde til hver "Sankthansdag" 2 lispund godt sommersmør, til "Martiny" i penge 1 rigsdaler - rug 2 tønder, dog dersom rugen behøves og forlanges her til hovedgaardens sæd, leveres det til "Mikkelsdag" i saa fald, samt forrette og udreder den sædvanlige hoveri af en halv plou her til gaarden, ifølge den derom aftale af 22. april dette aar antagne forordning og bestemmelse. Og som fæsteren foruden den ham efter ovenmeldte overleverede besætning og inventarium med videre er bleven overdraget ved skiftets slutning under 7. juli forrige aar efter hans afdøde forældre forbundne indboe med mere, som tilkendt mig - for mine deri boet tilgodehavende - betydelige fordringer.

Saa er han derimod aucorderet at betale mig for disse mine fordringer af gjælden før nytaar 1795 - 20 rigsdaler, og fra samme tid udrede alt forfalden af skatter og landgilde ifølge aftalen af 7. juli 1795. Ligesom han ifølge skiftets slutning og bestemmelse af samme dato udreder, hvad øvrige prioriterede gjælds fordringer, som er tilkjendt til udbetaling mig uden ansvar, da gaarden for resten er ham forundt uden videre indfæstning.

I øvrigt haver fæsteren sig i henseende gaardens forsvarlige drift og forhold med ejendommens samt bygningernes, besætningens og inventariums vedligeholdelse og ansvar med videre, at rette sig efter - "Hans kongelige Maystæts" lov og anordninger.

> *Til bekræftelse under min haand og signete, med fæsterens givne revers.*
> *Datum Nørre-Vosborg 22 juli 1796.*
> *Peder Tang.*

## Fæstebrev til Poul Madsen i 1811

Ifølge forordningen af 25. juni 1810 paategnes dette fæstebrev - at forbemeldte fæstegaard har ved Buur sogns udskiftning af fællesskab i 1805 - faaet formindskelse af 2 fjerdingkar 3/5 album i dens forrige hartkorn, formedels der imellem samtlige fæstere og mig undertegnede lodsejer, ved aastedsforretningen den 5. oktober 1804 er skeet forening om, at Nørre-Vosborg hovedgaard - Skjærum mølle og Skjærumbro, for sammes havte brugsret til fornøden ildebrændsel i sognets heede, skulle tillægges heede efter 15 tønder hartkorn i forhold til Buur sogns hartkorn.

Efter afstaaelse af ovennævnte formindskelse er denne fæstegaards hartkorn ifølge landinspektørens lignings beregning af 15. april 1805 - 4 tønder 4 skjæpper 2.4/10 album.

> Hvis rigtighed saaledes herved bekræftes.
> Nørre-Vosborg 22 juni 1811.
> Niels Kjær Tang.

## Fæstebrev til Laurids Christensen Dybebjerg i 1825

Conrad Daniel Koefod gjør vitterlig, at da fæsteren Poul Madsen i Rørsgaard i Buur sogn har valgt at afstaae sit fæste til sin svigersøn Laurids Christensen Dybebjerg. Saa stæder og fæster - jeg forbemeldte gaard "Rørsgaard" kaldet —staaende for hartkorn 4-4-2.4/10. - til bemeldte Laurids Christensen Dybebjerg at beholde i fæste og brug sin livstid, imod at han opfylder efterskrevne conditioner og vilkaar, nemlig:

1. Af gaarden svarer han alle kongelige skatter og contributioner - som nu ere eller herefter maatte være paabuden til anordnede tider.

2. Giver han i aarlig landgilde til hver "Sankt Hansdag" - 2 lispund sundt og godt sommersmør og til hvert aars "Mortensdag" en rigsbankdaler rede sølv i penge - samt 2 tønder sund og ren rug forordnet - landgildemaal.

3. Forretter han aarlig den hoveri af en halv plov, tre bæster til Nørre-Vosborg ifølge den derom under 22. april 1796 - vedtagne forening og bestemmelse, hvoraf denne udskrift forefindes vedhæftet.

4. Gaardens antagne bygninger og den dermed efter vedhæftede " Syns og Taxationsforretning" overleverede besætning og inventarium, holder han ved lige i samme stand, som det er ham overleveret.

5. Jorden gjøder, dyrker og driver han vedbørlig og lovlig, af ejendommen maa intet bortlejes, eller paa nogen maade forkomme fra gaarden.

Han giver sine svigerforældre fornøden husly og varme, saa længe de lever.

6. Tillige viser han sømmelig respekt, høflighed og lydighed imod sin hosbonde og dennes fuldmægtig og retter sig for øvrigt efter loven og anordningerne, i alt hvad som ikke udtrykkelig ved dette fæstebrev er bestemt, ligesom han er forpligtet at lade dette fæstebrev tinglyse. Forser han sig mod nogen af disse punkter - har han sit fæste forbrudt.

*Dette til bekræftelse under min haand og segl.*
*Nørre-Vosborg den 5 august 1825.*
*Conrad Daniel Koefod.*

At jeg har modtaget original og ligelydende fæstebrev - samt sammes vedhæftede "Syns og Overleveringsforretning" og udskrift af horiforeningen.
Dette tilstaaes herved og tilforpligter mig at holde samme i ord og punkter.
*Datum ut supra.*
*Laurids Christensen.*

## Klage til Hjerm Ginding Herredsret dateret den 17. marts 1830

Udskrift nr. 25: Anklaget af godsejer A.E.M. Tang - til Nørre-Vosborg imod sognefogeden i Buur sogn og fæster paa Nørre-Vosborg gods Laurids Rørsgaard angaaende fæsteforbrydelse, hvorfor klageren paastaar gaardens aflevering. Parterne mødte og indkaldelsen blev lovlig forkyndt og fremlagt sammen med en specificeret regning, hvorefter klageren mente at have til gode 20. rigsdaler 54-2/5 skilling - i rede sølv for skyldig tiende - landgilde etc. og desuden 9 lispund - 8 pund smør samt hovtørv for aar - 1829.

Forlig blev saaledes indgaaet: Klageren eftergiver anførte fordring med undtagelse af tørvene og 10 rigsdaler rede sølv, som indkaldte under exution og udlæg forpligter sig til at levere og betale nemlig - tørvene inden 14 dage - og pengene de 5 rigsdaler sølv inden udgangen af 1830 og de øvrige 5 rigsdaler inden udgangen af 1831.

Men i tilfælde disse betalings-bestemmelser ikke prompte overholdes, da findes slet ingen eftergivelse sted; men det hele som ovenanført er straks forfalden til udbetaling. I øvrigt forbinder indkaldte sig til i 2 aar - indtil 1ste maj 1832 - ikke nogensinde at paadrage sig nogen som helst restance af skatter, tiender - landgilde og alt andet, han er forpligtet til at levere og forrette, da han i manglende fald forpligter sig til godvillig og uden søgsmaal at aflevere sit fæstebrev og forlade gaarden.

*Foranstaaende blev med partnernes underskrift bekræftet.*

*A.E.M.Tang.*        *Laurids Rørsgaard.*

Da de to aar var gaaet, kom det endelige brud, da blev det bestemt at Laurids Christensen Rørsgaard, skulle fratræde fæstet paa følgende vilkaar:

# Laurids Christensen Rørsgaards fratrædelse i 1832

Sognefoged Laurids Rørsgaard af Buur fratræder sin hidtil i fæste havende gaard "Rørsgaard" i Buur sogn til førstkommende "Mikkelsdag" dette aar til hosbonden godsejer Tang til Nørre-Vosborg.

1. Han fraflytter gaarden til bemeldte tid og afleverer den da i samme stand og med den samme besætning, som han har modtaget den efter "Syns og Taxationsforretning" 9. februar 1825.

I sommeren 1832 driver han gaarden paa sædvanlig maade og forretter af gaarden pligtige hoveriarbejde til Nørre-Vosborg. Som godtgørelse herfor modtager han den halve kornavl, der paa marken deles, og som han har forlov at henføre til hans tilkommende bolig. Rørsgaards høavl faar han intet af, hvorimod han erholder frit bjerget og hjem-kørt høet af gaarden Kjærs englod ved Nørreaaen.

Skatten for 1ste 1/2 aar 1832 erlægges af Laurids Rørsgaard, ligeledes erlægge han alle de afgifter og byrder, som indtil tiltrædelsen ere forfalden af gaarden, dog ikke dermed de sidste 1/2 aars kvartals katter, hvorfor han er fritagen. For landgilde er han ogsaa fritagen, hvorimod tiende naturlig afgives af avlen forfaldsmæssig.

Ildebrændsel lyng og tørv hjembjerger Laurids Rørsgaard til gaarden med lige kvantum - som førhen - og som fordret gjøres.

Den eventuelle besidder af Rørsgaard skal have ret til at føre til børlig opsigt med gaardens bedrift, og i den sidste maaned i særdeleshed, at have stadig ophold i gaarden.

Laurids Rørsgaard medtager alt hans indboe og inventarium, for saa vidt samme ikke henhører under de syns og overleverings forretningen anførte, eller kan anses at udgjøre væsentlige dele af husene og indretningerne i samme, hvilke sidste ting maa forblive i og med bygningerne.

Skulle der mellem den tiltrædende og fratrædende fæster opstaa nogen uenighed over gaardens drift, fratrædelse eller deslige, da afgjøres denne tvist ved voldgiftsmænds kjændelse, af hvilke 4 hver af de til og fratrædende udnævnes 2 - ved hvilken kendelse alt skal have sit forblivende - uden videre indkaldelse eller rettergang.

Laurids Rørsgaard svigerforældre forbliver fremdeles i gaarden - som hidtil - uden nogen byrde for Laurids Rørsgaard i fremtiden - efter hans bortflytelse.

2. Imod at Laurids Rørsgaard efterkommer alt ovenstaaende og frasisiger sig sin ret til gaarden Rørsgaard, erholder han:

a. Eftergivelse af alle sine restance til dato, saavel den han ifølge forlig af 17. marts 1830, var pligtig at tilsvaret undertegnede hosbonde, som hvad han siden er bleven tillagt af landgilde - og tiender.

b. Han beholder i fæste 1 tønde hartkorn af gaarden "Kjær", der nu agtes nedlagt, saaledes at ham overlades den ved bemeldte gaard værende toft og gaardens englod ved Nørreaaen og den Klynmose som tilhører Kjær i Øster ved Tobiases Led, og den østre del hel igennem fra syd til nord af Kjærs vestre hedelod, samt for øvrigt saa meget af agermarken taget fra den østre side af norden for Lundmoselavningen, som efter taxation og landinspektørens ansættelse kan tilfalde en tønde hartkorn, fornævnte jordlodde iberegnet.

c. Han overlades til beboelse vaaningshuset (stuehuset) i bemeldte "Kjær", som han tilflytter til "Mikkelsdag", naar han fratræder fæstet i "Rørsgaard".

d. I aarlig landgilde betaler han til almindelige tider, den første gang til 1. november 1833 - 6 rigsbankdaler rede sølv; men for øvrigt fri for at svare indfæstning og fri for al slags hoveriarbejde.

e. Behørig fæstebrev paa ovenstaaende ejendom, meddeles ham, imod at han selv betaler alle desangaaende omkostninger.

3. Da der paa Kjær hviler en forpligtelse til at udrede enken Ane Margrethe Nielsdatter hendes livstid, hvilken forpligtelse - Jens Christensen Kjær har paataget sig mod derfor at nyde 2 tønder rug og 1 tønde byg i aarlig godtgørelse af gaardens øvrige besiddere, derfor skal Laurids Rørsgaard, som faar en fjerdedel af gaarden ogsaa tilsvaret 1/4 del af aftægten med 4 skjæpper rug og 2 skjæpper byg.

> *Saaledes aftalt og vedtaget. Nørre-Vosborg den 2den april 1832-*
> *A.E.M.Tang.*          *Laurids Rørsgaard.*
> *Som overværende!  Jens Kjær (m.f.p.)*          *Hans Lillelund.*

Laurids Rørsgaard maa borttage de 7 alen, som Else Marie Madsdatter har tilbygget Rørsgaards vaaningshus vestre ende, mod at han igen forsvarlig tillukker enden, og at han til Else Maries ligkiste, naar hun ved døden afgaar leverer saa mange fjæl, af dem der ligger over hendes kammer, som behøves til kisten.

## Fæstebrev til Peder Christensen Sand i 1833

Andreas Evald Meinert Tang - ejer af Hovedgaarden Nørre-Vosborg og underliggende Bøndergods. Gjør vitterlig at have stædet og fæstet -ligesom jeg stæder og fæster til Peder Christensen Sand - den mig tilhørende gaard "Rørsgaard" i Buur sogn, hvis hartkorn er 4 tønder-4 skjæpper 2-1/4 album - med bygninger - besætning og inventarium i overensstemmelse med den hoshæftede og tilforseglede "Syns og

Taxationsforretning", hvilke ejendomme med alle disses lovlige tilliggende - Peder Christensen Sand og hans hustru, om hun overlever ham og forbliver i enkestand, maa bruge og beholde i fæste og besiddelse deres livstid paa følgende vilkaar;

1. Svarer fæsteren af gaarden og hartkornet alle kongelige skatter og offentlige paabud, som nu ere eller herefter paabuden vorder, bankrenten undtagen, til rette og anordnede tider, hvorfor bemærkes, at efterladelse eller forsømmelse af denne fæsterens strængeste pligt virker ueftergivelig fæsteforbrydelse.

2. Betaler han aarlig i landgilde paa Nørre-Vosborg hvert aars første november 22 rigsbankdaler rede sølv.

3. Betaler han arbejdspenge hvert midsommer 10 rigsbankdaler, disse arbejdspenge under den forudsætning - at det af regeringen efter ansøgningen vorder bevilget og tilladt, kan aftjenes med aarlig arbejde in nature saaledes - a. efter omgang og udvisning at slaae, tørre - hjemkjører og gulve en af de 80 plovlodder, hvori gaardens samlede 5 enge er opdelte og af landinspektøren afmaalte-

b. ligeledes efter omgang og udvisning at bjerge - høste - rive - tørre og hjemkjøre og i laden ordentlig hensætte en med korn - besaaet plovslod i marken bestaaende af ca. 19.000 alen, at udkjøre og paa behørigt sted i marken ordentlig udspreder 1/32 del af den paa hovedgaardens marker i folden og i gaarden samlede og avlede gjøde -

d. aarligt at kjøre 2 rejser - hver paa 4 miil og med 4 tønder rug eller andre varer i forhold, hvorfor fastsattes at det staaer saavel fæsteren - som hosbonden frit for uden nogen videre aftale eller overerenskomst at indgive en allerunderdanigst - ansøgning til det højkongelige rentekammer om tilladelse at maatte forrette eller modtage ovenmeldte arbejde, da det i tilfælde begjæringen blive bevilget akkordten om arbejdet in natura fra næstfølgende iste maj - træder ikraft for bestandig - uden opsigelse eller forandring fra nogen af siderne for eftertiden kan gjøres deri; hvorimod betalingen af de 10 rigsbankdaler arbejdspenge til næst paafølgende midsommer og derefter fremdeles bortfalder. Hvis arbejdet bliver at forrette, underkaster jorddrotten og fæsteren sig ganske forordningen af 25 mart i 1791 - dens bydende om god ordens haandhævelse ved hoveriet.

4. Fæsteren tilforpligtes at efterkomme og opfylde aftægtsmanden Poul Rørsgaard og kone Maren deres fordring paa underhold i gaarden Rørsgaard, saaledes at ingen grundet aarsag til klage fra deres side - skal finde sted.

5. Han holder bestandig gaardens bygninger - besætning og inventarium i den stand, som det med gaarden er ham overleveret, han holder gaardens bygninger bestandig

forsikrede i "Landets almindelige Brandkasse" og betaler deraf den aarlige brandkontingent.

6. Det paaligger fæsteren ifølge loven at gjøde - dyrke og drive gaardens jorder vedbørlig og lovlig, hvorfor endvidere fastsættes, at han bør modtage og følge det raad og den vejledning, som jorddrotten maatte anse hensigtsmæssigt til hans gaards drift - inddeling og forbedring, hvilke raad og vejledning dog ingenlunde maa sigte til noget, som maatte overstiger hans kræfter eller griber ind i alt for uvante eller fremmed bearbejdelses-maader.

7. Den sømmelig respekt - agtelse og høflighed, som en fæster bør ifølge samme lovs forordning, er sin hosbonde og dennes forvalter og hver anden hosbondens udsendte skyldig, er det hans pligt at udvise dem; ligesom han og slig enhver anden statens borger er pligtig at opfylde og rette sig efter alle andre anordninger og love, i alt hvad som ikke udtrykkelig ved dette fæstebrev er nævnt eller bestemt.

Sluttelig tilføjes at den herved bortfæstede gaard har samme tilliggende, som i den forrige fæsters tid har tillagt og tilhørt den.

Endelig tilføjes at fæsteren har at betale i indfæstning 48 rigsbankdaler rede sølv.

> *Dette til bekræftelse under min haand og segl. Nørre-Vosborg den 27. august 1833.*
> *A.E.M.Tang.*
> *Tinglyst 13. september 1833- Gebyr-1 rigsd. 2 mark. 15 skilling.*

Som det fremgaar af baade Laurids Rørsgaards fratrædelsescontrakt og Peder Christensen Sands fæstebrev, skulle aftægtsægteparret - Poul Madsen og Maren Jensdatter fortsat have deres ophold og det nødvendige livsfornødenheder af gaarden Rørsgaard, og saaledes skete det.

Kirsten Madsdatter valgte at sælge Rørsgaard til svigersønnen. Men svigermoderen sikrede sig ogsaa en betydelig aftægt af gaarden.

## Aftægtskontrakt til Kirsten Madsdatter i 1833

Da ejerinden af gaarden Rørsgaard i Buur sogn - Kirsten Mads-datter, enke efter gaardfæster Peder Christensen Sand i dag har meddelt mig arvefæsteskøde paa sin ovenfor nævnte gaard "Rørsgaard" matr. nr. 6. af hartkorn 3 tønder - 7 skjæpper - 3 fjerdingkar - 2-1/2 album - gammelskat 30 rigsdaler 88 skilling!

Saa forpligter jeg undertegnede, Andreas Marinus Jeppesen, mig herved til at yde hende sin livstid følgende aftægt:

1. Saa længe aftægtskonen er tilfreds dermed, nyder hun kosten ved mit og min families eget bord - forsvarlig i enhver henseende. Jeg forsyner hende med forsvarlig klæder - pleje og opvartning, i sygdoms og svagheds tilfælde bringes maden hende i hendes eget kammer eller paa sengen, og der skal i saa tilfælde tilstaaes hende et godt varmt og lyst værelse til hendes egen raadighed, og forsynes med kakkelovn - og hun har ret til at medtage hendes egen seng. Hvad hun udtager falder ved hendes dødelige afgang tilbage til gaardens ejer undtagen hendes seng og dragkiste, da de tilhører hendes ældste datter Ane Kathrine eller hendes arvinger - og hendes gangklæder - som hun har uhindret ret til at disponere over.

(Ane Katrine blev jo som nævnt gift med gaardens ejer; men alle forholdsregler var taget).

2. Skulle aftægtskonen derimod selv ville føre husholdning, da er jeg pligtig til at yde hende følgende præstationer i gode sunde varer alt aarlig og med god maal og vægt - 2 tønder rug - 1 tønde byg -i lispund smør - 8 pund røget flæsk - 1 lispund røget kjød - 1 pund fersk kjød 3 gange i slagtetiden - altsaa i alt 3 pund med mindst en uges mellemrum - 3 pund ost - 12 pund lys eller talg - 1 fjdl. salt - 1/2 pund humle - 2 snese hvilling og 1 torsk frisk om foraaret - 1/2 tønde kartofler - 2 snese æg og 4 pund tvist - endvidere en halv potte kornbrændevin den første i hver maaned - 1 pund kaffe - 1 pund cikorie - 1 pund sukker og 1 pund flormel til hver højtid.

Daglig leverer jeg hende fra første maj til første november 1-1/2 pot nymalket mælk og den øvrige tid af aaret 1 pot daglig. Jeg befordrer hende til og fra kirke og kjøbstad og yder hende fornøden husværelse, opvartning og pleje i sygdom og alderdom, betaler hende aarlig 2 rigsdaler, leverer til ildebrændsel 6 læs klyne a. 40 snese -6 læs tørv a. 16 snese, føder og græsser et faar og leverer hende de fornødne haveurter og kaal af haven.

Som yderlig bestemmelse tilføjes:

Aftægts præstationerne leveres med 1/4 hvert kvartal - nemlig til hver 1ste februar, 1ste maj,1ste august og 1ste november, mælken leveres 611 gang daglig, fornøden kaal og haveurter tages af min have.

Faaret fødes og græsses med gaardens øvrige faar, og ynglen beholdes til 1ste november, det omtalte beløb betales med 3 mark hvert kvartal. Befordring til kirken afgives paa hver helligdag, hun forlanger det frem og tilbage med anstændig vogn og heste. Befordringen til kjøbstad ligeledes med anstændig og bekvem vogn - et par gange om aaret til marked eller andre lejligheder. Kornet føres til fra mølle og bages til brød om forlanges - ligesom øllet brygges. Læge hentes og hjemkjøres naar forlanges og betaler det selv - ligesaa ogsaa præsten. Vask besørges for aftægtskonen - samme beboelseslejlighed som før omtalt med det deri bestemte husgeraad tilstaaes aftægtskonen, og det tilføjes, at dagligstuen skal have fornøden størrelse og være forsynet med tæt loft og glas klare vinduer; desuden skal indrettes ved siden af dette et spisekammer og kjøkken - ligeledes med loft, døre og vinduer, bord og rækker, og der leveres aftægtskonen det fornødne kjøkkentøj.

3. Ved aftægtskonens dødelige afgang, bekoster jeg hendes hæderlige og anstændige begravelse efter egnens skik og brug.

4. Til sikkerhed for hvad - jeg efter denne contrakt er pligtig at præstere - pantsætter jeg hermed med anden prioritet - næst efter de 2.000 rigsdaler til Vest og Sønderjysk Kreditforening - samt arvefæste afgiften og recognitionen - den ovenbetegnede mig tilskødede arvefæstegaard Rørsgaard - med jorder - bygninger - ausurencesum - besætning - ind og udboe til hvilken ende denne contrakt tinglæses som pantebrev.

For det stemplede papirs skyld ansættes aftægten til penge - dels efter kapitelstaxt - dels efter egnens priser aarlig til 75 rigsdaler - 4 mark - 4 skilling, der 5 gange taget, udgjør 378 rigsdaler -3 mark 4 skilling.

Hvis faaret afgaar ved døden indsætter aftægtsyderen et andet i stedet for.
*Bekræftes med min underskrift.*
*Andreas Marinus Jeppesen.*

## Burvej 30
## Madsbjerg
### Matrikelnr. 3.a.-4.a.

### Fæstebrev til Peder Pedersøn i 1729.
Hermed vitterlig giør jeg at have stæd og fæst, som jeg hermed stæder og fæster til Peder Pedersen en gaard mig tilhørende i Buur sogn, "Madsbjerg" kaldet, hartkorn efter matricuel tid 4 tønder - 4 skjæpper - 3 fjerdingkar - 0 album: som han skal nyde, bruge og beholde sin livstid med efterfølgende conditioner: Hvad skatter som til dato er resterende lover jeg at betale, deslige næstkommende sidste termin "korn skatte penge', samt april qvartal indeværende aar 1729, hvilket jeg selv betaler.

Landgilde er ham eftergivet det første aar, siden svarer han aarlig til landgilde og til hver "Martiny Dag" 2 tønder rug - 1 lispund smør og 4 rigsdaler i penge. Anammer af mig til gaardens besætning 2 stude, den ene graa 2 aar gammel, den anden sort 4 aar gammel, 2 tønder rug, 2 tønder byg og 1 tønde sigtet bygmel.

Ellers i alle maader efterlever "Hans Kongelige Maystædts" lov og foraardninger, betaler i rette tider alle kongelige extra og ordinære skatter, være mig som sin husbonde eller hvem som paa mine vegne beordres hørig og lydig alt imod dette sit fæstebrevs fortabelse.

Nørre-Vosborg den 15 februar 1729. Maren Linde.

I 1766 valgte Peder Pedersen at gaa paa aftægt i gaarden og afstod fæstet til sin søn af samme navn.

## Fæstebrev til Peder Pedeersen i 1766

Jeg Christen de Leth til Nørre-Vosborg,"Deres Kongelige Mayestæts landsdommer udi Nørre-Jylland, kiendes og hermed vitterliggiør, at have have stæd og fæst som jeg herved stæder og fæster til Peder Pedersen Madsbierg en mig tilhørende stæd udi Buur sogn "Madsbierg" kaldet, anslagen udi nye matricuel hartkorn 4 tønder - 4 skjæpper og 3 fjerdingkar, hvilket stæd fornævnte Peder Pedersen sin livstid maa nyde, bruge og beholde med ald den ret, som dertil ligger og af alders tid lagt haver, imod at han deraf svarer alle kongelige skat ter og contributioner, som nu ere eller herefter paabydende vorder til forordnede tider. Item til aarlig skyld og landgilde levere mig 2 lispund godt sommer smør, hvert aars Sankt-Hansdag, 2 tønder godt sæderug til Mikkelsdag og penge en rigsdaler 12 skilling til Martyni, ægter og andet hoveri arbejde forretter han af 1/2 - plou, lige som hans andre medtjenere, og hans fader før hannem gjort haver, uden exæption naar anbefalet vorder.

Og som hans forældre i dag godvilligen til ham har afstaaet gaarden saa er saaledes mellem dem samtidig indgaaet og aftalt, at forældrene Ilds den fæstende forbliver, imod at han giver dem fornøden ophold, saalænge de lever og efter deres død em sømmerlig begravelse.

Men dersom de ved tidens længde ej ku'ne forenes at være tilhobe, og skilsmisse paastaaes, som dog ej bør ske uden særlig aarsag, hvilket uvildige mænd skal paakjende, skal den fæstende give sine forældre, naar de flytter derfra den bedste ko i gaarden, samt deres seng og klæder, item aarlig saalænge de lever 2 tønder rug og 2 tønder byg.

Sluttelig i henseende til gaardens drift og øfrige forhold, retter den fæstende sig efter "Hans Majestæts" allernaadigste lov og forordninger.

Dette til bekræftelse under min haand og signete. Nørre-Vosborg den 3. februar anno 1766.

Christen de Leth.

I 1782 tog familien mod et tilbud fra godsejeren paa Nørre-Vosborg om at bytte fæstested og flytte til Naur By.

## Fæstebrev til Peder Pedersen i 1782

(Uddrag) Jeg Christen Linde Fridenrich til Pallisbjerg - Stenumgaard - og Krogsdal, stæder og fæster til Peder Pedersen, forrige fæster af gaarden Madsbjerg i Vester-Buur, den mig tilskødet gaard i Naur by - Naur sogn, der hidtil have været beboet af selvejer - Niels Jensen Alstrup. Peder Madsbjerg bliver hovningsfri fæstebonde, mod at til-bageleverer sit fæstebrev paa Madsbjerg. Peder Madsberg erholder sin søn til eget brug og tjeneste fri enroullering (militærtjeneste), saavidt den kongelige anordning dette tillader. I landgilde betaler han 29 rigsdaler.

*Christen Linde Friedenreich.*

## Fæstebrev til Christen Christensen Korsgaard i 1783.

Jeg Christen Linde Friedenriech til Pallisbjerg - Stenumgaard Krogsdal etc. gaarde, kiendes herved i følge afholdte forening af 29 april 1782 - angaaende Peder Pedersen Madsbjerg under Nørre-Vosborg gods i Buur sogn, hans paaboende stæds afstaaelse til Christen Christesen Korsgaard født paa mit gods under Pallisbjerg den 3 mai 1730 -og er saaledes over sine erollerings aar. Altsaa stæder og fæster jeg ham herved berørte Peder Madsbjergs forhen beboede gaard, matriculeret under nr.4 i Vester-Buur for hartkorn 4 tønder 4 skjæpper og 3 fjerdingkar, hvilket stæd med sit tilliggende ejendom, bygninger og besætning ligesom de derom er vordet forenet. Meldte Christen Kors¬gaard antager og beholder i fæste og brug, saa længe han deraf udreder alle nærværende og paakommende kongelige contributioner til for¬faldstiderne. Nemlig langilde efter jordebogen aarlig til "Sankt Johanni" 2 lispund frisk og sund smør, og til "Martini" penge 1 rigs¬dale 12 skilling, og 2 tønder rug sundt og rent med forordnet land-gildemaal paa Nørre-Vosborg leveret.

... Forretter ald slags arbejde af 1/2 ploug eller 3 bæster i følge den allernaadigste approberede hoveri reglement.

Holder stædets bygninger og besætning, der antages i forsvarlig -stand, ved hævd og lige og samme forbedre, jorden tilbørlig ørker -og dyrker og ej til upligt bruger eller bruge lade; mindre ejendom¬men paa nogen maade lade forvilde eller fra stædet bortkomme; men sig som en fæste-hoverib.onde efter "Deres Majestæts" allernaadigste an¬ordninger at skikke og forholde.

> *Dette til bekræftelse under min haand og segl, samt fæsterens givne revers.*
> *Datum Sønder-Vosborg den 8. december 1783.*
> *Christen Linde Friedenrich.*

Ligelydende genpart fæstebrev haver jeg underskrevne modtaget, som jeg herved forpligter mig i alle dele at opfylde under dette mit fæstes fortabelse.

> *Datum ut supra.*
> *Christen Christensen Korsgaard.*

## Fæstebrev til Jens Nielsen i 1796

Peder Tang Til Nørre-Vosborg, kiendes og herved vitterliggjør at have stædet og fæstet, ligesom jeg hermed stæder og fæster til Jens Nielsen fra Pøtgaard i Buur Sogn (der er 36 aar gammel), den gaard her paa mit gods i bemeldte Buur Sogn "Madsbjerg" kaldet, der staar for hartkorn efter nye matricuel 4 tønder - 4 skjæpper - 3 fjerdingkar, som Christen Christensen Korsgaard sidst beboede og fradøde. Denne gaard med sit tilliggende og tilhørende ejendom, der med bygninger, besætning og inventarium er overleveret fæsteren efter den herhos hæftede syns og taxations-forretning af 30. juni sidst. Benævnte Jens Nielsen Pøtgaaaad skal nyde og beholde udi fæste og brug sin livstid, eller saalænge han deraf betaler og udreder alle kongelige contributioner, som nu ere, eller herefter vorder paabudet til anordnede tider. Og som han har antaget gaarden med sidste aars fulde avl, og jeg desuden har givet ham 3 tønder byg til dette aars vaarsæd, saa svarer han skatterne fra martini 1795, giver i landgilde for dette aar og fremdeles aarlig, ligesom før her af gaarden har været svaret, nemlig 2 lispund godt sommer-smør, 2 tønder rug og 1 rigsdale og 12 skilling i penge. Smørret leveres "Sankt Hansdag", rugen ifald det skulle behøves til Mikkelsdag og forlanges til hovedgaardens sæd; og ellers til martini tilligemed pengene. Den sædvanlige hoveri af en halv plov forretter fæsteren her til gaarden ifølge den under 22. april dette aar indgangne forening og bestemmelse.

Forresten haver fæsteren sig i henseende gaardens drift og forhold med ejendommene, samt bygning, besætning og øvrigt overleverede an og tilsvar med videre, at holde sig "Hans Kongelige Maystæts" lov og anordninger efterrettelig.

*Til bekræftelse under min haand og segl, samt fæsterens givne revers.*
*Datum Nørre-Vosborg den 22. juli 1796.*
*Peder Tang.*

Ligelydende originale fæstebrev med indbemeldte syns og taxations-forretning vedhæftet, haver jeg undertegnede rigtig modtaget.

Jeg forpligter mig herved at holde mig samme i alle maader efterrettelig, samt være ansvarlig for den mig med gaarden efter bemeldte taxations-forretning overleverede besætning og inventarium med videre, bekræftes med min haands underskrift.

*Datum som før meldt.*
*Jens Nielsen.*

## Fæstebrev til Peder Jensen i 1827

Andreas Evald Meinert Tang, ejer af Nørre-Vosborg - hovedgaard og underliggende bøndergods i Ulfborg - Skodborg og Hjerm herreder:

Gjør vitterlig at have stædt og fæstet til Peder Jensen Madsbjerg den mig under Nørre-Vosborg gods i Buur sogn tilhørende gaard "Mads-Bjerg" kaldet af hartkorn 4, tønder 4, skjæpper 0, fjerdingkar 4/12 album, hvilken gaard Peder Jensens fader hidtil have haft i fæste; men nu har afstaaet imod underhold i gaarden for sig selv og hustruen deres livstid, efter en mellem dem oprettet contrakt af 29. december 1825 yderlige formelding.

Denne gaard med jordejendommens bygninger - besætning - gaards og og avlsredskaber med videre i overenstemmelse med den herhos hæftede og tilforseglede syns og taxations-forretning herved overdrages nærværende Peder Jensen,(som har betalt i indfæstning 16 rigsdaler rede sølv og hustru om hun overlever ham og forbliver i enkestanden udi fæste og brug paa livstid og det paa følgende vilkaar :

1. Svarer han af gaarden og hartkornet alle kongelige skatter og offentlige paabude af hvad navn nævnes kan, bankrenten allene undtagen til rette og bestemte tider, hvorfor bemærkes at efterladelse eller forsømmelse af denne fæsterens strængeste pligt virker ueftergiverlig fæsteforbrydelse.

2. I aarlig landgilde betaler han under samme forpligtelse hvert aars iste november 2 tønder rug, 1 rigsdaler, 4 mark,12 skilling rede sølv, og til midsommer 2 lispund smør samt forrette hovning af 1/2 plov hertil Nørre-Vosborg, ligesom hans formand og i overensstemmelse med fortegnelsen over hovning, som er vedhæftet fæstebrevet.

3. Holder han gaardens bygninger, besætning og redskaber i forsvarlig stand, og som det nu er ham overleveret efter hoshæftede og til forseglede syns og taxations-forretning og samme forbedre, hvorsom han til enhver tid er hosbonden ansvarlig.

4. Opfylder og efterlever han nøjagtig den mellem ham og hans moder og fader for disses underhold indgangne og afsluttede Underholdnings Contrakt i alle dens ord og punkter, og desuden føde og klæder til sin svage broder Niels, imod at denne arbejder, det han formaar for fæsteren i gaarden. Og saa længe fæsteren og hustru lever, og den svage Niels saadant forlanger.

5. Det paaligger fæsteren ifølge loven at gjøde, dyrke og driver gaardens jorder vedbørlig og lovlig, hvoraf følger endvidere at han bør modtage og følge de raad, som hans hosbonde maatte anse hensigtmæssig til hans i fæste havende gaards drift, inddeling og forbedring.

6. Ligesom fæsteren ifølge loven er uberettiget til at modtage og selv antage hjemløse mennesker, inderste og løsgængere, saaledes maa han ej heller beholde saadanne karle og piger i sin tjeneste i mere end 2.1/2 - aar, som kunne befrygtes med tiden at falde sognets fattigvæsen til last. Det skal - fire maaneder før hver skiftetid, hvis hosbonden det forlanger, for ham angives, hvad tjestefolk, fæsteren har i sin tjeneste, hvorhen de farer, hvorfra de sidst er kommet m. v., og da skal fæsteren være forpligtet at skille sig

af med saadanne personer som husbondens ansvar, og erklæres for at kunne komme til at blive forsørgelses- berettiget i sognet og falde fattigvæsenet til byrde.

7. Den sømmelige respekt, agtelse og høflighed som en fæster ifølge loven, saavel som forordningen af 18. juni 1787 og 25. marts 1791 er sin hovbonde og dennes udsendte skyldig, er det en hans pligt at udvise dem, ligesom han lig enhver anden statens borger er pligtig til at rette sig efter alle andre anordninger og love, som ikke udtrykkelig ved dette fæstebrev er nævnt eller bestemt.

Sluttelig tilføjes, at den herved bortfæstede gaard har samme hartkorn og tilliggende, som efter den forrige besidders fæstebrev, har tillagt gaarden.

*Dette til bekræftelse under mit navn og segl, samt fæsterens mig givne revers.*

*Nørre-Vosborg den 24. maj 1827.*

*A.E.M. Tang.*

At jeg haver modtaget ligelydende originale fæstebrev som foranstaaende, tilligemed den deri nævnte syns og taxations-forretning er vedhæftet.

Dette tilstaar jeg herved og forpligter mig til at holde mig samme i alle maader efterrettelig.

*Det bekræfter jeg herved med min underskrift.*

*Datum ut supra*

*Peder Jensen Madsbjerg*

*Til vitterlighed - Hans Lillelund - Niels Jacobsen*

## Ophævelse af fæstekontrakt vedr. Peder Madsbjerg i 1838
Ovenstaaende fæstecontrakt er ifølge fælles overenskomst mellem hosbonde og fæster ophævet paa følgende vilkaar:

1. Peder Madsbjerg fraflytter gaarden til næstkommende "Sankthans-dag" og afleverer den da efter dette fæstebrev, dog saaledes, at den besætning, som ved det syn der under 6 marts befandtes at være her i gaarden, nemlig 3 heste - 4 køer - 2 kvier - 4 mindre kalve - samt 2 vogne - 2 plove og 1 harve, antages i stedet for den ved forhæf - tede overleveringscontrakt over gaardens besætning.

2. Indtil "Sankthansdag" driver Peder Madsbjerg gaarden efter bedste evne, dog saaledes at sædekorn, saavel som en tønde rug til brødkorn, leveres ham af undertegnede hosbonde, og skal Peder Madsbjerg være hosbonden eller fuldmægtigs eftersyn og ordre underkastet, hvad driften angaar.

3. For sidste 1/2 aars skat 1837 er gjort udpantning og pantegælds brev i gaarden, hvortil Peder Madsbjerg er ansvarlig, derimod eftergives ham al hans øvrige restance til

hosbonden, hvorimod det til -lades ham til selv at medtage al den øvrige besætning og inventarium, for saavidt det ikke er skrevet som pantegods.

> *Dette til bekræftelse i vidners overværelse under min haands underskrift.*
> *Nørre-Vosborg den 28. april 1838.*
> *A.M.E.Tang     Peder Madsbjerg*
> *Til vitterlighed: Bertel Siig - P.C. Bundgaard - Christen Pøtgaard - Mads*
> *Poulsen.*

## Fæstebrevet til Laurids Storm i 1838

Andreas Evald Meinert Tang, ejer af Nørre-Vosborg med underliggende bøndergods, giør vitterlig at have stædt og fæstet til Laurids Mortensen Storm én her under godset beliggende gaard "Madsbjerg" kaldet, af hartkorn 6 tønder - 7 skæpper - 2 fjerdingkar - 2.4/5 album i Bur sogn - Hjerm Herred med samtlige dens tilliggende - saavel som med den tilforseglede Syns og Taxations-forretning af 19. december sidst spisifiserede Bygning - Besætning og Inventarium. Hvilket bemeldte Laurids Storm og hans kone, om hun overlever ham og forbliver i enkestanden, skal nyde bruge og beholde udi fæste deres livstid paa følgende vilkaar:

1. Svarer fæsteren af gaarden og dens hartkorn alle kongelige skatter og offentlige paabud og byrder, af hvad navn nævnes kan, bankrenten alene undtagen, til rette og anordningsmæssige tider her paa gaarden naar tilsagt vorder.

2. Svarer han i aarlig landgilde til hvert aars første november li geledes her paa gaarden 26 rigsdaler rede sølv og 4 tønder og 4 skjæpper rug, gode og sunde varer, dog fritages han ganske for nævnte landgildings svarelse for aarene 1838 og 1839, ligesom han saa længe begge aftægtsfolkene lever, og han til dem svarer aftægt, fritages med at levere alene de to tønder af ovennævnte landgilde rug. I pengene derimod sker ingen forandring; men de betales for sidst afvigte første november, som anført.

3. Forretter han aarlig naar tilsagt vorder, ligesom hans formand 2 rejser paa 4 mil med 4 tønder rug eller andre varer.

4. Yder han under sit fæstes fortabelse den aftægt til Jens Madsbjerg og hustru, som de ved afstaaelsen af gaarden til deres søn Peder Jensen have betinget dem, og hvorpaa de her erholdt en af hosbonden oprettet aftægtscontrakt, hvilken contract i et og alt skal være en rettesnor for Laurids Storm.

5. Holder fæsteren altid bygninger og besætning i den stand, hvori de nu er ham overleveret, hvorfor han til enhver tid er hosbonden ansvarlig, paa den maade og under de betingelser, som herunder af 9 marts 1838 fastsætter. Bygningerne holder han stedse forsikrede i "Landets almindelige Brandkasse" og svarer deraf den aarlige brandkontingent.

6. Gjøder og dyrker og driver fæsteren vedbørligen hans jorder og lader aldeles intet deraf bortkomme til anden ejendom, det være sig foder, halm, høe, gjødning, tørv, lyng eller deslige, uden hosbondens skriftlige tilladelse. Til sine jordes fornuftige og vedbørlig drift, skal han være forbunden til at modtage raad og vejledning af hosbonden, som dog ej maa sigte til noget, der overstiger hans kræfter eller griber ind i alt for fremmede og uvante bearbelses maader.

7. Det paalægges fæsteren ifølge loven og samme anordninger at vi se hosbonden og dennes udsending respekt, agtelse og høflighed; lige som det er fæsterens pligt at opfylde dette lovbud her, maa han ogsa i alt hvad som ikke udtrykkelig ved dette fæstebrev er nævnt og bestemt rette sig efter de kongelige allernaadigste - indgangne lov og anordninger.

Sluttelig tilføjes at gaarden har samme hartkorn og tilliggende, som har tillagt den i formandens tid, og at Laurids Storm skal betale i indfæstning 48 rigsdaler, der i rigsbankdaler rede sølv- udgjør seks og halvfjersinstyve rigsbankdaler fire mark tolv skilling rede sølv, hvilken indfæstning bliver at betale til december termin 1844 og at afskrive paa dette fæstebrev.

*Til bekræftelse under min haand og segl. Nørre-Vosborg den 30. december 1838.*
*A.E.M. Tang.*


## Burvej 32
## Kjær
## Matrikelnr. 3senere 3.b.

### Fæstebrev til Christen Kjær i 1750

Kiendes jeg underskefne H. Leth til Nørre-Vosborg, at have stæd og og fæst, som jeg og hermed stæder og fæster til Christen Kjær hans faders Jeps Kjærs gaard i Buur, som skatter i nye matricuel af 4 tønder 4 skjæpper 3 fjerdingkar hartkorn. Hvilken halve gaard faderen i dag godvilligen til ham afstanden haver, imod at han nyder hos bemeldte sin søn Christen Kjær sit livs ophold, saa længe han lever.

Samme halve gaard skal ovenmeldte Christen Kjær sit livs tid, nyde bruge og beholde med ald tilhørende grund og ejendom, som nu dertil ligger, eller af alders tid ligget haver, og som berettes det Peder Madsbjerg haver ændret mere ejendom paa lige hartkorn til sit i fæste havende sted, end som den til Christen Kjærs nu fæstende sted befriedes. Saa lover jeg som hosbonde i anledning af vores allernaadigste konges lovs bydende, at lade begge steders jordskifte og dele dem efter rett og billighed, og yder mig aarligen i rette tider efter aucord, toe tønder rug til sæd, toe lispund smør og en rigsdaler i penge, samt hoveri her til Nørre-Vosborg af 1/2 plov, og ellers i dett øfrige retter sig efter vores allernaadigste "Konges" lov og forordninger.

*Dette til bekræftelse under min haand og signete.*
*Nørre-Vosborg den 16 marti 1750.*
*N.Leth.*

## Fæstebrev til Jens Christensen i 1798

Niels Kjær Tang til Nørre-Vosborg, kjendes og herved vitterligt - gjør at have stædet og fæstet, ligesom jeg og hermed stæder og fæster til Jens Christensen Kjær, barnefødt i Bur sogn og nu er over 28 aar gammel, den gaard her paa mit gods i Vester-Buur by, udi benævnte Buur sogn, der staar for hartkorn efter nye matricuel...4-4-3-0 - og som hans moder Kirsten Ekildsdatter sidst beboede og fradøde, hvilken gaard med ald sit tilliggende og tilhørende ejendom tilligmed sammes bygninger, samt den derved værende besætning og inventarium, saaledes som det efter den herhos hæftede syn og overleverings forretning af datum anden marti sidst er befunden. Bemeldte Jens Christensen Kjær, skal nyde og beholde udi fæste og brug sin livstid, eller saalænge han af gaardens hartkorn udreder og betaler alle kongelige contributioner samt personeller skatter af sig og familie som nu ere eller herefter vorder paabudet til anordnede tider; samt betaler og præsterer udi aarlig landgilde til hver " Sankt Hansdag " toe lispund frisk og godt sommer smør, og til hvert aars martini.... 1 rigsdaler i penge og toe tønder sund og ren rug med forordnet.... landgildemaal, og dersom jeg skulle behøve disse toe tønder rug til min sæd herved gaarden, da leverer han samme til Mikkelsdag, naar jeg detforlanger. Saa forretter han og den sædvanlige hoveri af en halv plov eller tre bæster her til hovedgaarden, ifølge den derom under 22 april 1796 vedtagne forening og bestemmelse, hvoraf een af amtmanden verificeret udskrift er overleveret sognefogeden i Buur sogn til efterretning for denne fæster og øvrige godsets hovbønder deri sognet. Gaardens antagne bygninger og den dermed efter ovenmeldte -"Syns og Taxationsforretning" overleverede besætning og inventarium holder han i anordningsmæssig stand ved lige. Jorden tilbørligen driver og dyrker, intet af tilliggende ejendomme til nogen upligt bruge, mindre bortleje eller pa nogen maade fra stædet lade forville og forkomme.

Tillige viser fæsteren den sømmelige respekt og tilbørlig høflighed og lydighed imod sin husbonde og dennes betjente, ifølge politi forordningen af 25 marti 1791, samt retter sig iøvrigt efter politi. Hans Kongelige Majestæts " alleraaaadigste lov og anordninger.

Saaledes er denne gaard forundt ham i fæste uden nogen indfæstning deraf at give.

*Til bekræftelse under min haand og segl; samt fæsterens givende revers.*
*Datum Nørre-Vosborg den 14 marti 1798.*
*Niels Kjær Tang.*

Ligelydende originale fæstebrev, med forestaaende haver jeg underskrevne modtaget tilligemed den derudi anmeldte "Syns og Taxationsforretning" samme vedhæftet. Selv lover og forpligter jeg mig herved at holde mig samme efterrettelig i alle maader.

Det bekræftes med min egen og to vitterlighedsmænds underskrift.

*Datum som før meldt. Jens Christensen Kjær. Med paaholdende pen.*
*Til vitterlighed underskriver.*
*Poul Madsen Rørsgaard. Jens Skydsgaard, Vemb.*

## Fæstebrev til Jens Christensen i 1828

Andreas Evald Meinert Tang, ejer af hovedgaarden Nørre-Vosborg, med underliggende bøndergods, gjør vitterlig: at have stædet og fæstet ligesom jeg herved stæder og fæster til Jens Christensen Bodsgaard , den mig under Nørre-Vosborg gods i Bur sogn tilhørende gaard i Vester Bur Bye, som forrige besidder Jens Christensen Kjær, nu er fratraadt af hartkorn 4-4-0 4/10 = hvilken gaard med jord, bygninger og besætning, gaards og lades redskaber og i overensstemmelse med den hosforhæftede og tilforseglede "Syns og Taxations-forretning", hermed overdrages ovennævnte Jens Christensen Bodsgaard og hustru, om hun overlever ham og og forbliver i enkestanden udi fæste og brug i deres livstid uden nogen indfæstning, og det paa følgende vilkaar:

1. Svarer af gaarden og hartkornet alle kongelige skatter og offentlige afgifter af hvad navn nævnes kan, bankrenten alene undtagen, til rette og bestemte tider, hvorfor bemærkes at efterladelse eller forsømmelse af denne fæsterens strængeste pligt virker ueftergivelig fæsteforbrydelse.

2. I aarlig landgilde betaler han under samme forpligtelse hvert aars første november 1 tønde rug og 1 rigsdaler 3 mark 6 skilling i rede sølv, og til hvert midsommer 2 lispund smør, samt forretter hovning af 1/2 plov her til Nørre-Vosborg ligesom hans formand og i overensstemmelse med fortegnelsen over hovningen, hvilken fortegnelse ogsaa er vedhæftet fæstebrevet.

3. Holder han gaardens bygninger og besætning, gaards og avlsredskber altid i forsvarlig stand, og saaledes som det nu er ham overleveret efter hæftede og tilforseglede Syns og Taxationsforretning og samme forbedre, hvorfor han til enhver tid er hosbonden ansvarlig.

4. Giver han den fratrædende Jens Kjær og hustru deres hele livstid føde, klæder, pleje og opvartning i sygdoms og alderdoms-tilfælde! han føder og græsser aarlig 2 faar for dem, samt saar aarlig i paagivende jord 1 fdb. hørfrø for dem, og endelig lade de gamle fremdeles bebo det nuværende kammer østen af dagligstuen, hvorfra denne skaffes udgang et andet sted, om de saadant forlanger; hvorimod de gamle forbinder dem til at gaa fæsteren til haande i det arbejde, som ej over-stiger deres kræfter.

De gamles nuværende indboe, og for saaridt samme ikke henhører til det med gaarden er de gamles ejendom og fæsteren uvedkommende.

Al tvist mellem de gamle og fæsteren søges løst afgjort, med hosbondens mægling.

5. Det paaligger fæsteren ifølge loven at gjøde, dyrke og drive gaardens jorde vedbørlig og lovlig, hvoraf følger endvidere at han bør modtage og følge det paad og den vejledning, som hans hosbonde maatte finde hensigtsmæssig til hans gaards drift og forbedring, hvilke raad og vejledning skal sigte til eller gribe ind i alt for fremmede og uvante bearbejdelses maader, eller til noget, der ville overstige hans kræfter.

6. Ligesom fæsterens ifølge loven er uberettiget til at huse ledige og løse mennesker, inderste og løsgængere, saaledes maa han ej heller beholde saadanne karle og piger i sin tjeneste, som kunne befrygtes med tiden at falde sognets fattigvæsen til, over 2.1/2 aar.

7. Den sømmelige respekt og agtelse og høflighed, som fæsteren ifølge loven, saa som efter forordningen af 8 juni 1787, er sin hosbonde og dennes udsendte skyldig, er det hans pligt at udvise dem, ligesom han lig enhver anden statens borger er pligtig til at rette sig efter alle andre anordninger og love, som ikke udtrykkelig er nævnt i eller bestemt i dette fæstebrev. Sluttelig tilføjes! at den hermed bortfæstede gaard har samme hartkorn og tilliggende, som efter forrige besiddendes fæstebrev har tillagt gaarden.

*Dette til bekræftelse under mit navn og segl, samt fæsterens mig givne revers.*
*Nørre-Vosborg den 26 december 1828.*
*A.E.M.Tang.*

## Fæstebrev til Laurids Rørsgaard i 1834

Andreas Evald Meinert Tang, ejer af hovedgaarden Nørre-Vosborg og underliggende bøndergods, gjør vitterlig! at have stædet og fæstet, til nuværende sognefoged Laurids Rørsgaard i Buur sogn, det mig tilhørende sted Kjær i bemeldte Buur sogn, af hartkorn 1 tønde 2 skjæpper - 0 fjerdingkar - 1.3/4 album - med bygninger og besætning i overensstemmelse med den her hos hæftede og tilforseglede "Syns og Taxa-tions-forretning", hvilken ejendomme med alle disses lovlige tilliggende bemeldte Laurids Rørsgaard og hustru, om hun overlever ham og forbliver i enkestanden maa bruge og beholde i fæste og besiddelse, begge deres livstid paa følgende vilkaar :

1. Svarer og udreder fæsteren af stædet og hartkornet alle kongelige skatter og offentlige paabud og personlige byrder af hvad navn nævnes kan, bankrenten alene undtagen til rette og anordnings mæssige tider, da efterladelse eller forsømmelse af denne fæsterens strengeste pligt virker ueftergivelig fæsteforbrydelse.

2. I aarlig landgilde betaler fæsteren hvert aars første november her paa Nørre-Vosborg 6 rigsbankdaler rede sølv under samme forpligtelse,- som i første post er nævnt, hvorimod fæsteren er fritaget for ald slags hovningsarbejde til Nørre-Vosborg.

3. Fæsteren er forpligtet under samme tvang af fæsteforbrydelse, at bidrage aarlig til enken Ane Margrethe Nielsdatter i Blindkilde hendes ophold med 4 skjæpper rug og 2 skjæpper byg, der ydes hende med halvdelen to gange aarlig.

4. Fæsteren holder stedets bygninger og besætning altid i den stand, som det nu ham er overleveret og samme forbedre, hvorfor han til enhver tid er hosbonden ansvarlig. Bygningerne holder han bestandig forsikrede i "Landets almindelig Brandkasse" og betaler deraf den aarlige brandkontingent.

5. Det paaligge fæsteren efter loven at gjøde, dyrke og drive jorden vedbørlig og lovlig, og intet deraf lade forvilde eller forekomme.

Han bør og modtage og følge de raad og vejledning, som hosbonden maatte give ham hensigtsmæssige til stedets drivt, inddeling og forbedring, hvilke raad og vejledninger ingenlunde maa sigte til noget, som ville overstige fæsterens kræfter eller gribe ind i alt for fremmed og uvandt bearbejdelses-maader.

6. Fæstebrevet fortsætte med det sædvanlige, om den respekt m. mere, der skulle vises hosbonden og dennes forvalter og slutter med denne tilføjelse! Fæsteren er fritaget for at svare indfæstning, og at det herved bortfæstede sted, der er beregnet til hartkorn af en landinspektør til det anførte 1-2-0-1.3/4

> *Dette til bekræftelse under mit navnog segl, samt fæsterens mig givne revers.*
> *Nørre-Vosborg den 31 december 1833. A.E.M. Tang.*
> *Tinglyst 7. marts 1834 - gebyr 1 rigsd. 2 mark 15 skilling.*

## Fæstebrev til Laurids Rørsgaards enke Marie Christine Andersdatter i 1861

Andreas Evald Mienert Tang, ejer af Nørre-Vosborg - med underliggende bøndergods gjør vitterlig! At da sognefoged Laurids Rørsgaards enke Marie Christine Andersdatter har ønsket sin fæsteret paa Boel-stedet "Kjær" i Buur sogn overdraget til Anders Jacobsen Bakhuus -stæder og fæster jeg herved til bemelte Anders Jacobsen Bakhuus det herunder godset i Buur sogn, Hjerm herred beliggende "Boelsted" "Kjær" kaldet under nyt matr. nr. 3b i ovennævnte sogn af hartkorn- 7 skjæpper, 1 fjerdingkar og 1/4 album - gammelskat halvaarlig 4 mark og 2 skilling, tilligemed den ham med hoshæftede synsforretning overleverede bygning - besætning og inventarium, som Anders Jacobsen - Bakhuus og hans hustru, hvis hun overlever ham og forbliver i enkestanden, skal nyde, bruge og beholde deres livstid, paa den maade som loven bestemmer for livsfæstere og for øvrigt under følgende vilkaar:

1. Svarer han af stedet og dets hartkorn og dets personer alle kongelige skatter, paabud og byrder, saavel til statskassen som til kommunerne af hvad navn nævnes kan til rette og anordningsmæssige tider naar tilsagt vorder, Skatterne her paa gaarden, uden nogen byrde for godsejeren. I lige maade de paa ejendommen hvilende - tiender til rette vedkommende.

 2. Svarer han i aarlig landgilde til hvert aars første november, ligeledes her paa gaarden 12 rigsdaler rigsmønt.

3. Holder fæsteren altid bygningerne og besætningen i den stand, hvori det er ham overleveret ifølge vedhæftede overleveringsforretning af 1ste oktober dette aar paa den maade og under de betingelser, som forordningen af 9 marts 1838 fastsætter; bygningerne holder han altid forsikrede til den virkelige værdi i "Landets almindelige' Brandkasse" og betaler deraf den aarlige brandkontingent.

4. Stedet dyrker, driver og gjøder fæsteren vedbørlig og lader intet derfra bortkomme af foder, gjødning etc. til anden ejendom uden godsejerens skriftlige tilladelse.

Sluttelig tilføjes at stedet har samme hartkorn og tilliggende som i forrige fæsters tid, og at fæsteren svarer i indfæstning 100-rigsdaler rigsmønt.

> *Dette til bekræftelse under min haand og godsets segl, samt fæsterens givne revers.*
> *Nørre-Vosborg den 27 december 1861.*
> *A.E.M. Tang.*

At jeg har modtaget et med dette reversal ligelydende - originalt fæstebrev med den deri nævnte "Syns og Overleverings - Forretning" vedhæftet tilstaaes herved, idet jeg forpligter mig samme efterrettelig i alle dets ord og punkter.

> *Anders Jacobsen.*
> *Til vitterlighed.*
> *Niels Nielsen Kielsholm. - med ført pen.*

## Burvej 36
## Graakjær
## Matrikelnr. 9a.

### Fæstebrev til Christen Buur i 1750

Kiendes jeg underskrefne Henrik Johan de Leth til Nørre-Vosborg - at have stæd og fæst, som jeg hermed stæder og fæster til Christen Buur en min gaard i Buur sogn, Graakjær kaldet, ansat udi nye matricuel for 4 tønder - 4 skjæpper - 3 fjerdingkar hartkorn, hvilken ovenmeldte Christen Jensen Buur, sin livstid maa nyde bruge og beholde med ald den rettighed, som dertil ligger, og af arilds tid tilligget haver, imod at han deraf betaler alle kongelige contributioner, som nu ere, eller herefter paabydes vorder, item yder mig aarligen i rette tider til skyld og landgilde - toe tønder rug til sæd - en lispund smør og en rigsdale i penge, samt gjøre aarligen her til Nørrevosborg en halv plovs arbejde og ellers i det øfrige retter sig efter hans allernaadigste konges lou og forordninger.

Med gaarden, som han straksen antager, giver jeg hannem, foruden de kreaturer, der findes i gaarden, tvende køer - en forsvarlig ploubæst tvende ungnøder og seks faarhøvder.

Til husenes reparationer giver jeg hannem 2 tylter 12 alen - samt 2 tylter 10 alen og 1 tylt fjæl.

Endelig haver jeg eftergivet ham dette aars landgilde til førstkommende "Martini" forfalden alt paa contion, at ifald eftermældte Christen Jensen Buur eller hustru ved ond huusholdning eller skødesløs-hed ikke skulle agtes, at andet var tjenlige til bemældte Graakjærs beboelse, da uden videre søgsmaal aflevere den i samme stand.

> Dette til bekræftelse under min haand og signete.
> Nørre-Vosborg den 5 april 1750.
> Henrik Leth.

### Fæstebrev til Jens Christensen Graakier i 1798
Niels Kjær Tang til Nørre-Vosborg, kiendes og herved vitterligt - giøre, at have stædet og fæstet, ligesom jeg hermed stæder og fæster til Jens Christensen Graakier af Buur Sogn - der er over 36 aar gammel og forsynet med "Friheds Pas" - den gaard her paa mit gods - i Fester-Buur, der staar for hartkorn efter nye matricuel 4-4-3- , som hans fader Christen Jensen Graakier hidtil har haft i fæste, men nu til denne sin yngste søn haver afstaaet sit fæste paa, ifølge en mellem dem den af dags datum oprettet contract, om faderens ophold og aftægt gaarden, hvilken contract sønnen opfylder. (det fortæller os saa, at faderen hidtil var den retmæssige fæster - og at der maa have vøret en ældre søn, som ikke før er nævnt) Fæstebrevet fortsætter

Denne gaard med ald sit tilliggende ejendom - tilligemed sammes bygninger og den derved værende besætning og inventarium - saaledes som det efter den herhos hæftede "Syns og Overleverings-forretning"; er befunden. Bemeldte Jens Christensen Graakier skal nyde og beholde udi fæste og brug sin livstid, eller saalænge han af sammes hartkorn udreder og betaler alle kongelige contributioner - samt personelle skatter af sig og familie, som nu ere, eller herefter vorder paabudt til anordnede tider - samt betaler og presterer udi aarlig landgilde til hver "St.Hansdag" 2 lispund frisk og god sommer-smør -

dog tillades det ham at betale den ene lispund med 7 mark, om han hellere vil betale med penge derfor, end levere smørret in natura - og til hvert aars "Martiny" 1 rigsdaler i penge - samt 2 tønder sund og ren rug med forordnet landgildemaal, og dersom jeg skulle behøve disse 2 tønder rug til min sæd herved gaarden - da leverer han samme til "Michels Dag", naar jeg det forlanger.

Saa forretter han og den sædvanlige hoveri af en halv plov eller 3 bæster her til hovedgaarden - ifølge den derom under 22 april 1796 -vedtagne forening og bestemmelse, hvoraf en af Amtmanden verificeret udskift er overleveret sognefogeden i Buur til efterretning for denne fæster og øvrige godsets hovbønder deri sognet.

Gaardens antagne bygninger og den dermed syns og taxations forretning overleverede besætning og inventarium, holder han i anordnings-mæssig stand, jorden tilbørligen driver og dyrker, intet af tilliggende ejendomme til nogen upligt bruge, mindre bortleje eller paa nogen maade fra stædet lade forvilde og forkomme.

Tillige viser fæsteren - sømmelige respekt og tilbørlig høflighed og lydighed imod hosbonden og dennes udsending ifølge - politiforordningen af 25 Martin 1791, samt retter sig iøvrigt efter hans "Kongelige Maystæts" allernaadigste lou anorninger.

Saaledes er denne gaard forundt ham i fæste - uden nogen indfæstning deraf at give.
*Til bekræftelse under min haand og segl, samt fæsterens givende revers.*
*Datum Nørre-Vosborg den 1ste juni 1798.*
*Niels Kjær Tang.*

Ligelydende originale fæstebrev med vedhæftede syns og taxations-forretning af den 2den marti dette aar, haver jeg rigtig modtaget og lover og forpligter jeg mig herved at holde mig samme i alle maader efterrettelig, samt i tiden være ansvarlig for den mig efter bemeldte synsforretning med gaarden overleverede besætning og inventarium med videre.

*Dette bekræftes under min haand og vitterlighedsmænds underskrift*
*Datum ut supra.*
*Jens Christensen Graakier - med paaholdende pen.*
*Til vitterlighed underskriver.*
*Henrik Sand af Vemb.*        *Peder Ragborg af Buur*

### Et lille uddrag af det meget lange fæstebrev til Bertel Jensen – Graakiær i 1829

Andreas Evald Meinert Tang - ejer af Hovedgaarden Nørre-Vosborg og underliggende Bøndergods, stæder og fæster til Bertel Jensen - Graakiær, den mig tilhørende gaard, "Graakier" kaldet i Buur sogn - Hjerm herred, af hartkorn 4 tønder 4 skjæpper 4/11 album med bygninger - besætning og inventarium, saaledes som samme i overensstemmelse med den hosforhæftede syns og taxatons - forretning som befindes og alt paa livstid for ham og hans kone, om hun overlever ham og forbliver i enkestanden paa følgende vilkaar.

Saa følger først de økonomiske pligter - skatter og afgifter, som enhver fæstebonde skal udrede, derforuden skulle han hvert aars første november betale i landgilde 16 rigsdaler paa Nørre-Vosborg tillige med 10 rigsdaler i arbejdspenge.

Disse arbejdspenge kunne der søges om at faa lov til at udføre arbejde for sammen med de andre hovbønder, det er nævnt i flere af fæstebrevene, som A.E.M. Tang udstedte til sine fæstebønder med mange henvisninger og lovparagraffer, saa jeg vil henvise til at læse en af disse, jeg har oversat i sin fulde ordlyd.

*Fæstebrevet blev, efter være underskrevet af godsejer - fæstebonde og vitterlighedsvidner -tinglyst 12. oktober 1829.*

### Et uddrag af fæstebrevet til Peder Nielsen Kragelund i 1856
Andreas Evald Meinert Tang til Nørre-Vosborg - stæder og fæster til Peder Nielsen Kragelund, min gaard i Bur sogn "Graakjær" kaldet.

Han skulle 1. november svare i landgilde 28 rigsdaler, gøre 2 aarlige rejser af fire miel med 4 tønder rug eller anden vare.

Svare aftægt til sine svigerforældre Bertel Graakjær og hustru føde og klæder - og i sygdoms og alderdoms tilfælde pleje i deres værelse, der indrettes med jern-billæggeovn, endvidere føder og græsser han for dem tvende faar og giver dem en anstændig begravelse efter deres død, efter egnens skik og brug.

Indfæstning betaler Peder Kragelund 160 rigsdaler, af denne ind -fæstning er betalt 48 rigsdaler, derefter 1 november de næste 7 aar, 16 rigsdaler.

*Fæstebrevet blev udstedt 30. september 1856 paa Nørre-Vosborg.*

### Uddrag af skødet til Anders Korsgaard i 1877
Marie Elise Tang, til Nørre-Vosborg - ejer af gaarden Graakjær, Bur sogn, sælger og skøder denne gaard til Anders Andersen - Korsgaard i Ulfborg - kjøbesum 5.600 kroner, deraf kontant 2.000 kroner - plus aftægt til Peder Nielsen Kragelund og hustru - 1 læs lyng - 4 eller 5 læs tørv aarlig, samt klyner i Graakjær østre mose og hede.

Desuden skal de have et jordstykke paa Graakjærtoft - 104 alen lang og 78 alen bred, hvorpaa han paa egen bekostning bygger et hus - bygningen tilhører ved Peder Nielsen Kragelund og hustrus død - disses arvinger - jordlodden - hvoraf kjøberen vedbliver at betale skatterne, falder tilbage til Graakjær.

*Underskrevet 30 september 1877.*

*Anders Korsgaard - Køber. --- Marie Elise Tang - Sælger.*

## Burvej 40
## Prangsgaard
## Matrikelnr. 8.a.

### Et lille udpluk af fæstebrevet til Stephan Graversen i 1754

Sophie Linde ejer af Nørre-Vosborg, stæder og fæster til Stephan Graversen - den mig tilhørende -gaard i Buur Sogn - Prangsgaard kaldet - af hartkorn 4 tønder 4 skjæpper 3 fjerdingkar, undtagen 4 skjæpper som hans moder - Ane Prangsgaard betaler skatter af, saa længe hun lever, og hos ham forbliver.

Og da hans moder Ane Prangsgaard godvilligen har afstaaet gaarden til hanem, er den fæstende efter acord forbunden til at give hende livsophold og efter hendes død en sømmelig begravelse. Og ifald hun skulle faa i sinde, at flytte fra ham, da giver han hende en ged ko - to tønder rug og en tønde byg aarlig.

> Nørre-Vosborg den 3die maj 1754.
> Salig Henrik Leth´s efterladte.
> Sophie Linde.

### Fæstebrev til Stephan Graversen Prangsgaard i 1787

Jeg Peder Tang til Nørre-Vosborg, kjendes herved, at som Stephan Graversen Prangsgaard, heraf godset i Buur sogn - formedels alderdom og medfølgende skrøbelighed har været begjærende at afstaae sit fæste paa gaarden til sin hjemmeværende ældste søn - Gravers Stephansen imod hos hannem at nyde fornøden ophold for sig og hustru deres livstid og en anstændig jordefærd efter deres død.

Paa slige vilkaar jeg hermed og stæder og fæster berørte - Gravers Stephansen ermeldte sin faders hidtil i fæste - boende halve gaard - Prangsgaard kaldet i Vester-Bur, der er ansat udi den nye landmaalings matricuel for hartkorn 4 tønder - 4 skjp. - 3 fjdk. - med sit tilliggende og af arilds tid tilhørte ejendom - bygninger og besætning ligesom det forefindes - straksen at antage og beholde udi fæste og brug, saalænge han deraf udreder alle kongelige contributioner, som ere eller herefter vorder paabudet til bestemte tider, og den sædvan-lige landgilde efter jordebogen - aarlig til "St.Johanni" - frisk og guul sommer-smør 2 lispund - til "Michaeli" - sundt og reent rug -2 tønder og til "Martini" - penge 1 rigsdaler - samt hoveri som forhen af en 1/2 ploug eller tre bæster her til gaarden udi alt forefaldende - efter den kongelige allernaadigste aproberede hoveri reglement.

Til husenes istandsættelse giver jeg hannem af hjælp et læs tømmer, ligesaa eftergiver jeg hannem af den paa stædet hæftende restance - der beløber sig ialt efter kasse-protokollens udvisning - 30 rigsdaler - 1 mark - 12 skilling, imod at han betaler mig de øvrige 10 Rigsdaler - halvdelen til "Michali" og den anden halve del til næste "Voldborgdag" 1788 - samt friholder mig for de personelle paabud -af sine forældre.

Holder stædets bygninger og besætning i forsvarlig stand og samme forbedre - jorden tilbørlig driver og dyrker - intet af ejendommen til upligt bruge - mindre forvilde eller paa nogen maade fra stædet -bortvende; men sig som en fæste hoveribonde efter "Hans kongelige - Maystæts" lou og anordninger at rette og forholde.

> Dette til bekræftelse under min haand og signeti.
> Datum Nørre-Vosborg den 9 juni 1787.
> Peder Tang.

Ligelydende gjenpart fæstebrev haver jeg undertegnede annammet, -som jeg herved tepligter mig i alle (Mie at opfylde og efterleve, -under dette mit fæstes forbrydelse.

> Datum ut Supra.
> Gravers Stephansen Prangsgaard.

## Fæstebrev til Anders Pedersen Bossen i 1805

Niels Kjær Tang til Nørre-Vosborg - kjendes og herved gjør vitterligt - at have stædt og fæstet, ligesom jeg og hermed stæder og fæster til Anders Pedersen fra Bossen i Møborg sogn - den gaard her under Nørre-Vosborg gods i Buur sogn - Prangsgaard kaldet, som Gravers Stephansen sidst beboede og fradøde, hvis enke han har ægtet. Hvilken gaard der udi sidste landmaaling - matricuel er ansat til hartkorn 4 tønder - 4 skjp. - 3 fjdk.; men nu ved sognets udskiftning af fællesskabet dette aar, formedels den til Nørre-Vosborg hovedgaard - paa grund af ejerens brugsret, afgivne heede med tillæg af hartkorn fra samtlige Buur sogns - hartkorns brugsret - efter landinspektørens ligning beregning - er nedsat til hartkorn 4-4-0-2-1/4 - tilligemed ald samme ved udskifningen tildelte ejendomme - samt bygninger - besætning og inventarium efter den herhos hæftede "Syns og Taxationsforretning" af dato 23. oktober sidstladen.

Benævnte Anders Pedersen skal nyde og beholde i fæste og brug sin livstid, imod at han opfylder følgende conditioner:

1. At han af gaardens hartkorn udreder og betaler alle kongelige - contributioner - samt de personelle paabudde af sig og familie, som nu ere eller herefter vorder paabudet til anordnede tider.

2. Yder og betaler udi aarlig landgilde - nemlig til hvert "Sankthansdag" frisk og godt sommer-smør 2 lispund - til hvert aars "Mikkelsdag" sundt og godt sæderug 2 tønder forordnet landgildemaal - og til hver "Mortensdag" i penge 1 rigsdaler - siger en rigsdaler.

3. Forretter den sædvanlige hoveri af en halv plov eller tre bæster her til hovedgaarden Nørre-Vosborg - efter den derom under 22de april 1796 indgangene forening, hvoraf den

dermed i overensstemmelse og af stedets herrefoged confereret fortegnelse - findes vedhæftet.

4. Give den gamle enke paa gaarden, forrige fæsters moder- fornøden ophold sammensteds hendes livstid, og anstændig jordefærd efter hendes død.

5. Holder gaardens bygninger og den overleverede besætning og inventarium i anordningsmæssig stand ved lige. Jorden tilbørlige driver og dyrker - intet af tilliggende ejendomme til nogen uplight bruge eller bruge lade - mindre bortlejer eller paa nogen maade fra gaarden lade forvilde og forekomme.

Tillige viser fæsteren den sømmelig respekt og tilbørlig høflighed og lydighed imod sin hosbonde og dennes betjente i følge politiforordningen af 25. marts 1791 - samt retter sig i øvrigt efter "Hans kongelige Majestæts" lou og anordninger.

*Til bekræftelse under min haand og segl, samt fæsterens givende revers.*
*Datum Nørre-Vosborg den 14 december 1805.*
*Niels Kjær Tang.*

At jeg haver modtaget et med forestaaende ligelydende - originale fæstebrev; hvorved findes hæftet Taxationsforretningen over gaardens bygninger, besætning og inventarium, samt fortegnelse over hoveriet det tilstaar jeg herved, samt forpligter mig at holde mig samme i al le maader efterrettelig, samt være ansvarlig til den med gaarden over leverede besætning og inventarium med videre i sin tid.

*Til bekræftelse under min haand og to mænds underskrift til vitterlighed.*
*Nørre-Vosborg den 14 december 1805.*
*Anders Pedersen Bossen.*
*Til vitterlighed. Hans Kristensen.*

## Burvej 42
## Petersgaard
## Matrikelnr. 5a.

### Fæstebrev til Graurs Pedersen i 1735

Hermed vitterligiør at have stæd og fæst, ligesom jeg hermed stæder og fæster til Graurs Pedersen en mig tilhørende gaard, udi Buur sogn beliggende, skatter af 4 tønder 4 skjæpper 3 fjerdingkar hartkorn. Samme gaard maa han sin livstid nyde bruge og beholde med efter skrefne conditioner, at han skal svare alle kongelige - skatter og contributioner, som nu ere eller herefter paabydes vorder, han yder mig den sædvanlige skyld og landgilde, nemlig - 2 tønder rug - en tønde byg, 2 lispund smør - 2 rigsdaler i penge, han giører hoveri her til gaarden, som hans salig fader før hannem giort haver af tree bæster, husene ved god lige holder og samme forbedre. Smørret skal svares inden "St. Olaidag og landgilden ved "Martiny Tider".

Af denne først forestaaende og tilkommende landgilde bliver ikke at yde uden det halve korn og penge. Retter sig ellers efter "Hans kongelige Maystædts" lou og forordninger.

*Dette til bekræftelse under min haand og signete!*
*Nørre Vosborg den 31. may anno 1735.*
*Salig Leths efterladte.*
*Maren Linde.*

## Fæstebrev til Peder Graursen i 1774

Jeg Christen De Leth til Nørre-Vosborg, "Deres kongelige Maystædts" justitsraad og landsdommer i Nørrejylland, kiendes og hermed vitterliggiør at have stæd og fæst, ligesom jeg hermed stæder og fæster - til Peder Graursen, barnefødt her paa godset, en mig tilhørende halv gaard udi Buur sogn beliggende, anslagen udi nye matricuel - i hartkorn ager og eng 4 tønder 4 skjæpper 3 fjerdingkar, som faderen Graurs Pedersen og hustru bebor og foretager; hvilken fornævnte halvgaard bemeldte Peder Graursen, efter faderens død, sin livstid skal nyde bruge og beholde med al den ret, som dertil ligger, og altid lagt haver, imod at han deraf svarer alle kongelige skatter og contributioner, som nu ere eller herefter paabydes vorder til anbefalede tider yder mig aarlig i skyld og landgilde - toe tønder got sæderug - toe lispund got sommersmør og tree rigsdaler og tolv skilling ipenge. Smørret leveres til hvert aars "St.Hansdag", og kornet til "Miekaeldag", og pengene til hvert aars "Martiny".

Saa forretter han aarlig hoveri, ægter og arbejde af en halv ploug - ligesom faderen og hans andre medtjenere hertil gaarden. Skulle faderen oven meldte Graurs Pedersen afstaae stedet til sønnen førend hans død, saa forbliver han og hustruen hos ham og nyde fri husværelse, samt nødtørftig ophold af klæder og føde, efter uvildige - mænds sigtelse, samt efter begges død en sømmelig jordefærd.

Sluttelig i henseende stedets drift og videre forhold, retter den fæsteraade sig efter "Hans Maystæts" lou og forordninger.

*Dette til bekræftelse under min haand og forskrifter signete.*
*Nørre-Vosborg den 16. november 1774.*
*Christen De Leth.*

Ovenstaaende ligelydende originale fæstebrev haver jeg dags - dato rigtig annammet paa behørig stemplet papir, som jeg i alle maader under fæstet fortabelse lover at holde mig sømmerligts efterrettelig, som herved bekræftes i undertegnede vidnesbyrds overværelse med - min haands underskrift.

*Datum ut Supra.*

*Peder Graursen.*
*Efter begjæring underskriver.*
*Graurs Pedersen. Knud Iversen.*

## Fæstebrev til Poul Nielsen i 1787

Jeg Peder Tang til Nørre-Vosborg, da Poul Nielsen fra Pøtgaard- her paa godset i Buur sogn har befriet sig afgangne Peder Graversens enke, bemeldte gods, der i sognet, altsaa hermed at stæde og fæste berørte Poul Nielsen ermeldte halvgaard matriculleret no. 5. i Vester-Buur til hartkorn 4-4-3-0 med tilliggende og af "Arrilds" tid tilhørte ejendom, bygninger og besætning, ligesom det forefindes, som han antager og beholder i fæste og brug, saa længe han deraf udreder alle kongelige contributioner, som nu ere eller herefter vorder paabudt til anbefalede tider, samt den sædvanlige landgilde aarlig- til "St.Johanni" frisk guul sommersmør 2 lispund; til "Martini" i penge 1 rigsdale 12 skilling og rug 2 tønder sund og være med forordnet - landgildemaal, hvilket nemlig rugen ifald samme behøves og forlanges til Hovedgaardens sæd, da at yde til hvert aars "Michaeli". Forretter hoveri som forhen af 1/2 ploug eller 3 bæster udi alt forefaldende hertil gaarden efter den allernaadigste approberede reglement.

Gaardens bygninger og besætning, som antages i forsvarig stand, er det hans pligt fremdeles at holde ved hævd og lige, og samme forbedre, jorden tilbørlig ørter og dyrker, og ej noget af ejendommen til uplugt bruge, forvilde eller fra stædet bortkomme.

Fæsteren giver sin formands forældre Graurs Pedersen Smed og hustru fornøden ophold, huusværelse og ildebrand i gaarden deres levetid. Og ifald disse gamle ej vil søge dug og disk hos fæsteren, giver han dem til ophold, ligesom de nu i nogle aar har nydt- og været fornøjet med - aarlig 2 tønder rug og 1-1/2 tønde byg, efter som de det behøver, samt 1 potte sød mælk daglig, og efter den enes død er det en selvfølge den længst levende ej nyder uden det halve, der alt bør skeg i upaaklagelig fra fæsterens side, som og giver dem efter deres død en sømmelig jordefærd; imod at deres efterladenskaber - til den tid tilhører ham.

Sidste aars resterende landgilde rug 2 tønder betaler fæsteren mig efter capitels taxt, hvormed ham dog er given henstand til næste "Miecaeli". Derimod er 1785 ligeledes tilbagestaaende landgilde- rug 2 tønder af mig eftergiven, og stædet ham uden nogen indfæstning forundt, hvorhos han som en hovbonde paaligges at efterkomme sine pligter og i alle maader holder sig "Hans Majystæts" lou og anordninger efterrettelige fæstebønder bekræftende.

*Til bekræftelse under min haand og seigl, samt fæsterens givne revers.*
*Datum Nørrevosborg 2 juni 1787.*
*Peder Tang.*

*Ligelydende gjenpart fæstebrev haver jeg underskreven modtaget, hvilken jeg hermed forpligter mig i alle dele at efterleve uden ska¬de og skades lidelse i alle maader, under dette mit fæstes forbrydelse.*

> *Datum ut Supra.*
>
> *Poul Nielsen Pøtgaard.*

## Fæstebrev til Christen Poulsen i 1833

Andreas Evald Meinert Tang, ejer af Hovedgaarden Nørre-Vosborg og underliggende Bøndergods.

Gjør vitterlig at have stædet og fæstet, ligesom jeg hermed stæder og fæster til Christen Poulsen, den hans forældre før ham i fæste havende gaard i Buur sogn af hartkorn 4 tønder 4 skjæpper 2-2/5 -album, med bygninger, besætning og inventarium i overensstemmelse med den her forhæftede og tilforseglede "Syns og Taxations-forretning". Hvilke ejendomme med alle disses lovlige tilliggende bemeldte Christen Poulsen og hans hustru om han gifter sig, og hun overlever ham og forbliver i enkestand maa beholde i fæste og besiddelse - deres livstid - paa følgende vilkaar:

1. Svarer han af gaarden og hartkornet alle kongelige skatter og offentlige afgifter og tyngder, som nu ere eller herefter paabuden vorder til anordnede tider, bankrenten allene undtagen, det bemærkes at efterladelse eller forsømmelse af af denne fæsterens strængeste pligt virker ueftergivelig fæsteforbrydelse.

2. Svarer og betaler han i aarlig landgilde til hvert aars første novenber - á aarlig de første 10 aar at regne 20 rigsdaler rede sølv b. derefter aarlig 22 rigsdaler rede sølv.

3. Svarer og betaler han i indfæstning ialt 80 rigsbankdaler rede sølv, der betales i fem paa hinanden følgende aar, med 16 rbd. aarlig. Det tager sin begyndelse den første november dette aar eller 1833.

4. Svarer og betaler han i arbejdspenge hvert aars midsommer 10 - rigsbankdaler rede sølv; hvilke arbejdspenge under den forudsætning at det af regjeringen paa ansøgningen vorder bevilget - tilladt kan aftjenes med aarlig arbejde in natura saaledes: a) efter omgang og udvisning at slaa - tørre - hjemkjøre og gulve en af de 80 plovlodde, hvori gaardens samlede 5 enge ere afdelte og af landinspektøren afmaalte:

   b) ligeledes efter omgang og anvisning at bjerge -høste - rive - tørre og hjemkjøre og i laden ordentlig hensætte en med korn besaaet plovstod i marken bestaaende af ca. 19.000 alene.

   c) at udkjøre og paa behørig sted ordentlig udsprede 1/32 del af den paa hovedgardens marker i folden og ved gaarden avlede gjøde.

d) Aarligt at kjøre 2 rejser med 4 tønder rug eller andre varer i forhold paa 4 miel, hvorfor fastsættes at det staar, saavel fæsteren, som hosbonden frit for uden videre aftale eller overenskomst at indgive slig en allerunderdannigst ansøgning til det højkongelige rentekammer om tilladelse til at maatte forrette og modtage ovennævnte arbejde, da det i tilfælde at begjæringen bliver bevilget acordten om arbejdet in natura fra næstfølgende første maj træder i kraft for bestandig uden nogen opsigelse eller forandring fra nogen af siderne for eftertiden kan gjøres deri. Hvorimod betalingen af de 10-rigsdaler arbejdspenge til næstpaafølgende midtsommer og derefter fremdeles bortfalder. Hvis arbejdet bliver at forrette, underkaster jordrotten og fæsteren sig i saa henseende gandske fordningen af 25 marts i 1791 dens lydende om god ordens haandhævelse ved hoveriet.

5. Fæsteren forpligtes til at give sin moder Maren Nielsdatter - anstændig og tilstrækkelig underholdning i gaarden hendes livstid, og saaledes at ingen grundet klage derover, fra hendes side kan finde sted.

Derefter følger de samme formaninger om vedligeholdelse af bygninger, besætning og jordens drift, som er nævnt i alle fæstebreve, og respekten for godsejeren med mere, er heller aldrig undladt, heller ikke her, fæstebrevet slutter som sædvanlig.

> *Dette til bekræftelse under mit navn og segl, samt fæsterens givne revers.*
> *Nørre-Vosborg den 27 august 1833.*
> *A.E.M.Tang.*

**Et uddrag af Lejecontrakten til Simon Christensen af Gammel Stenum i 1887**
Undertegnede gaardejer Poul Kristensen af Petersgaard i Bur bortlejer herved til gaardejer Simon Christensen af Gammel Stenum og efterkommende ejere af denne gaard et stykke eng beliggende ved Storaaen, og som nu bestaar af en "Odde", der skjærer sig ind i Gammel Stenums ejendom, og som paa tre sider nu begrænses af Storaaen, medens den paa den anden side nu begrænses af min eng, nu vil blive afskaaret fra denne med en kanal, hvorigennem Storaaens vand vil blive ledet, dette engstykke er paa 5. skjæpper land.

Jordfæsteren har betalt 5 kroner, og lejemaalet vedvarer i 49 aar fra dato, uden at der svares nogen aarlig afgift til ejeren af Petersgaard.

(Forskellige andre formaliteter er nævnt, før de to gaardmænd underskrev lejemaalet).

> *Petersgaard i Bur 24 juni 1887.*
> *Simon Christensen. Raasted.*     *Poul Kristensen. Bur.*
> *Til vitterlighed!*     *Anders Korsgaard.*     *Morten Storm.*
> *begge Bur.*

Hvordan det gik ved udløbet af perioden er ikke undersøgt - Verner

**Burvej 58**
**Tvistholm**
**Matrikel nr. 22a**

## Fæstebrev til den første fæster lyder i 1762

Jeg Christen de Leth til Nørre-Vosborg "Hans Kongelige Maystædts" bestaltede landsdommer i Nørre-Jylland - kjendes og hermed vitterlig giør at have stæd og fæst, ligesom jeg og hermed stæder og fæster til Christen Jacobsen Teglbrænder - et mig tilhørende huus, som jeg indeværende aar have ladet sætte og bygge paa Buur hede - i Buur sogn. Hvilket sted fornævnte Christen Jacobsen sin livstid maa nyde, bruge og beholde, imod at han til aarlig skyld og landgilde betaler mig hver martyni 2 rigsdaler og spindpenge 15 skilling - løbber og kalkslagen her til gaardens nødvendighed, forretter han efter - tour og omgang med de andre huusmænd, naar anbefalet vorder - og iøfrigt holder sig "Hans Maystædts" allernaadigste lov og forordninger efter rettelige.

*Nørre-Vosborg den 13 november 1762 Christen de Leth.*
*Ligelydende originale fæstebrev haver jeg til mig annammet og forpligter mig hermed samme at efterleve.*
*Christen Jacobsen.*
*Til vitterlighed med underskriver efter begjæring.*
*Niels Jensen. Niels Madsen.*

## Fæstebrev til Christen Simonsen i 1773

Jeg Christen de Leth til Nørre-Vosborg "Deres Kongelige Maystæts" bestaltede landsdommer i Nørre-Jylland - kiendes, og hermed vitterlig giør - at have stæd og fæst, som jeg hermed stæder og fæster til Christen Simonsen et mig tilhørende stæd udi Buur sogn, paa Buur hede beliggende, imod at han deraf til hvert aars martiny betaler mig - i landgilde 2 rigsdaler 12 skilling. Saa forretter han ogsaa løbber og kalkslagen samt andet pligts arbejde paa tour og omgang med de andre huusmænd - naar anbefalet vorder.

Sluttelig i hense-ride stædets drift og øvrige forhold - retter den fæstende sig efter "Hans Maystæts" lov og forordninger.

*Nørre-Vosborg den 3 januar 1773. Christen de Leth.*
*Ovenstaaende og ligelydende fæstebrev haver jeg rigtig paa behørig-stempltt papir til mig annammet - og lover at holde mig samme efterrettelig.*
*Nørre-Vosborg ut supra.*
*Christen Simonsen. med ført pen.*
*Til vitterlighed underskriver efter begjæring.*
*Christen Jacobsen.            Niels Suusgaard.*

## Fæstebrev til Tobias Christensen Damgaard i 1880

Niels Kjær Tang til Nørre-Vosborg kiendes, og herved vitterliggiør, at have stedet og fæstet, ligesom jeg og hermed stæder og fæster til Tobias Christensen Damgaard - af Ulfborg - det mig tilhørende udmatrikulerede huus paa Buur hede - her under godset i Bur sogn "Tvistholm" kaldet, som enken Kirsten Jensdatter, hidtil har havt i fæste; men nu har opgivet sit fæste paa, ifølge en imellem hende og denne fæster oprettet contract af dato 18. december sidstladen.

Hvilket huus, med sit tilliggende ejendom, bygning og inventarium saaledes som det efter den herhos hæftede Syns og ta.;:ationsforretning er befunden, bemeldte Tobias Christensen Damgaard - skal nyde og beholde udi fæste og brug sin livstid, imod at han deraf svarer den sædvanlige landgilde - aarlig til Mortensdag i rede penge 2 rigsdaler og 12 skilling - og forretter aarlig 8te dages arbejde, enten til klyner i mosen eller hvad andet arbejde her ved gaarden forlanges, samt giør løbber efter omgang med de andre boels og husmænd paa godset. Holder huusets bygning og inventarium efter overleverings -forretningen i anordningsmæssig stand ved lige, ejendommen tilbørlige dyrker og behandler, og ej til upligt bruger eller bruge lader.

Opfylder ovenmeldte imellem ham og enken Kirsten Jensdatter, ind gangne contract, samt retter sig iøvrigt efter "Hans Kongelige Maystæts lov og anordninger.

*Til bekræftelse under min haand og segl, og fæsterens givende revers.*
*Nørre-Vosborg den 22 december 1800. Niels Kjær Tang.*

Ligelydende fæterbrev som foranstaaende - haver jeg underskrevne modtaget, tilligemed den deri anmeldte vedhæftede Syns og taxations-forretning, og forpligter mig herved at holde mig samme i alle maader efterrettelige, hvilket bekræftes under min haand og vitterligheds vidners underskrift.

*Nørre-Vosborg ut supra.*
*Tobias Christensen.*
*Til vitterlighed.*
*Thomas Christensen.*          *Peder Blesbjerg.*

## Fæstebrev til Christen Tobiasen i 1834

Andreas Evald Mienert Tang - ejer af hovedgaarden Nørre-Vosborg og underliggende bøndergods, gjør vitterlig: at have stædt og fæst, ligesom jeg hermed stæder og fæster til Christen Tobiasen - det mig tilhørende huus under Nørre-Vosborg gods i Bur sogn "Tvistholm" kaldet, af hartkorn benificeret - priviligeret 2 fjerdingkar. Hvilket huus med alle sine tilliggender af jord, bygning, besætning og inventarium, i overensstemmelse med den her hoshæftede Syns og Taxa¬tionsforretning benævnte Christen Tobiasen og kone, om hun overlever ham og forbliver i enkestand - maa nyde bruge og beholde i fæste og besiddelse begge deres livstid - paa følgende vilkaar!

1. Svarer han af stedet og hartkornet alle kongelige skatter og of-fentlige paabud og byrder - af hvad navn nævnes kan, bankrenten alene undtagen, til rette og anordnede tider, da efterladelse og for¬sømmelse af denne fæsterens strængeste pligt virker ueftergivelig fæsteforbrydelse.

2. Forretter han aarlig til Nørre-Vosborg 20 arbejdsdage - hvoraf de 6 dage i høesletten og 2 dage i kornhøsten - de øvrige 12 dage til hvad tid og brug forlanges, dog kan disse 12 dage aftjenes med, for hver dag at kaste og tørre 2 læs klyner i den saakaldte "Østeer Buur Mose", saalænge hosbonden der lader kaste klyner,

3. I aarlig landgilde betaler han under samme forplgtelse paa Nørre-Vosborg hvert aars iste november to rigsdaler og tolv skilling rede sølv.

4. Som underholdning for begge sine forældre, giver han dem deres hele levetid tilstrækkelig og upaaklagelig føde og klæder, som de nyder i et for dem indrettet eget kammer.

5. Med hensyn til fornævnte arbejde, og forsaavidt samme - forrettes ved Nørre-Vosborg, da møder fæsteren fra paaske til Mikkelsdag kl. 5 morgen og fra Mikkelsdag til paaske kl. 7 morgen - eller naar det er dag, ligesom det dages tidlig eller sildig.' førstnævnte tid arbejder han 12 timer daglig - hviletiden fraregnet, og i sidste tilfælde 10 timer - naar dagens længde, det tillader, hvis ikke, da fra det er lyst, til det er mørkt, en time fraregnet til spisetid.

Fra denne bestemmelse sker dog undtagelse, naar fæsteren arbejder i forening med jorddrottens egne folk, i hvilket tilfælde fæsteren ved tilsigelsen underrettes om, naar arbejdet næste dag begynder, til hvilken tid han da mødes med gaardens egne folk, og skal han ligemed dem i arbejde - holde hvile og afskediges om aftenen, naar de om aftenen forlader arbejdet.

Det bemærkes med hensyn til ovenanførte, at bestemmelsen, hvorefter hovbudet anses for at komme for silde til arbejdet indholdes i forordningen af 30 januar 1807, ligesom samme bestemmer straf for og forholdsregler mod dem - som aldeles udebliver.

Det maa være fæsteren tilladt, naar han har anden fortjeneste eller arbejde, da at sende en dygtig karl til hoveri i sit sted; men denne skal da i alle maader være sammen forpligtelse underkastet - som selve fæsteren, og lige saavel, som han være forbunden til at medbringe de fornødne arbejdsredskaber til det arbejds udførelse, hvortil han tilsiges.

Skjøndt det med hensyn til forordningen af 30te januar 1807 - er klart: at ens arbejdsdage af gode og dygtige karle af jorddrotten bør antages og afskrives, skal det dog, hvis et eller andet arbejde forholder, hvortil fruentimmers hjælp kunne være tilstrækkelig, væ¬re fæsteren tilladt med hosbondens minde, at sende et dygtig og opvagt fruentimmer.

I forordningen af 6te december 1799 - fastsættes, at for hver aftjent dag, modtager hovbonden om aftenen en seddel med nummer - og fæsterens navn paa den ene side og med hovedgaardens eller jorddrottens navn paa den anden side. Disse sedler skal allene tjene fæsteren som kvittering for de aftjente dage, og kontroleres halvaarlig, eller senest ved hver hoveriaars ende, naar fæsteren derom i forvejen er tilsagt, leverer han de modtagne sedler tilbage, og lader sig for hver af disse en dag afskrive i sin kvitteringsbog. Naar dette - ved fæsterens brøde forsømmes, anses dagene ikke for aftjente, og hvis nogen af de modtagne sedler forekommes, afskrives ej heller flere dage, end der tilbageleverede sedler.

6. Holder her stedets bygninger, besætning og inventarium - altid i den stand, som det nu efter ovenbemeldte Syns og Taxations- forretning er ham overleveret, og samme forbedre, hvorfor han til enhver tid er hosbonden ansvarlig. Jorddrotten kan selv eller ved sin forvalter eller befuldmægtig hvert efteraar lade bygning og besætning bese - for at fornemme, om alt er i orden, da fæsteren i manglende fald, og hvis han ikke inden fire uger derefter sætter alt i behørig stand - maa tiltales til fæsteforbrydelse.

Bygningen, hvortil fæsteren i paakommende ulykkes tilfælde er ansvarlige, holder han bestandig forsikret i Landets almindelige Brand kasse, og betaler deraf den aarlige brandkontingent.

7. Det paaligger fæsteren ifølge loven at gjøde, dyrke og drive jorden vedbørlig og lovlig, og intet deraf forvilde eller forkomme, ligeledes er det hans pligt at dyrke, forbedre med flid og klogskab, til hvilken han maa modtage og følge de raad og vejledninger, som hosbonden maatte give ham til hans jordes drivt - inddeling og forbedring, hvilke raad og vejledninger ingenlunde maa sigte til noget, som vil overstige hans kræfter eller gribe ind i alt for fremmed uvant bearbejdelsesmaader.

Det paaligge ogsaa fæsteren videre ifølge loven, og tildels hoveri-hosbondens udsendte sømmelig respekt og agtelse og høflighed, samt forøvrigt i alt, hvad som ikke utrykkelig ved dette fæstebrev - er nævnt efter forordningen af 25. marts 1791 – 6. december 1799 og 30. januar 1807.

Sluttelig bemærkes: giver i indfæstning 16 rigsdaler rede sølv. Det tilføjes endvidere: at huset har uforandret samme hartkorn og tilliggende, som i den forrige fæsters tid har tilhørt og tillagt det.

> *Dette til bekræftelse under min haand og segl, samt fæsterens givne revers.*
> *Nørre-Vosborg den 18 oktober 1834. A.E.M.Tang.*
> *Tinglæst 24 oktober 1834.*

Protokolleret nr. 16 folie 93-94. Gebyr 1 rigsdale 9 skilling.

**Burvej 83**
**Bur Mølle**
**Matrikelnr.13a**

### Fæstebrev til Rasmus Pedersen i 1757

Kiendes jeg underskrevne Christen Leth til Nørre-Vosborg, at have stæd og fæst til. Rasmus Pedersen eet mig tilhørende stæd udi Buur sogn, "Buur Mølle" kaldet, anslagen udi nye matricul for hartkorn 6 skjæpper 2 fjerdingkar 1 album og Mølle Skyld 1 tønde 2 skjæpper¬2 fjerdingkar - 2 album, hvilket stæd han sin livstid maa nyde, bruge og beholde, med den ret og rettighed, som hans formand Jens Broe brugt og haft haver, saaledes at den Jens Thomsen i Øster-Buur ved fæstebrev af 9. december 1744 forundt frihed med græsning udi halve Mølledam til Bækken, udi alle mader vorder uforkrænket.

Til aarlig Skyld og Landgilde, item for at være befriet for løbber og kalkslagen, med de andre huusmænd, betaler den fæsterade her paa gaarden 8 rigsdaler og 2 mark danske hver Matinia, hvorudi og er ind-beregnet de 4 ordinære qvartaler, item skattekorn og skattekorns-penge der af stædet til "Hans Majestæts" kasse, for hvilke at betale hand skal være debineret (fritaget).

> Nørre-Vosborg den 3 februar 1757.
> Christen Leth.

Ligelydende fæstebrev haver jeg dags dato annammet, som jeg hermed forbinder mig under fæstets fortabelse at holde mig efterrettelig.

> Datum ut Supra.
> Rasmus Møller.
> Til vitterlighed.
> Gravers Smed.          Peder Madsberg.

### Fæstebrev til Villum Rasmussen i 1780

Jeg Christen Linde Friedenrich - til Pallisbjerg - Steenumgaard og Krogsdal, at som Rasmus i Buur Mølle under mit gods Nørre-Vosborg i Buur sogn, som formedels alderdom og dermed forbunden skrøbelighed, atraar paabemeldte stæd i fæste overdraget sin hjemmeværende søn Villum Rasmussen, imod hos ham for sig og hustru at nyde en sømmelig ophold af og paa stædet deres livstid, og anstændig jordefærd efter deres død, uden nogen enten byrde eller arv prætention for de øvrige børn.

Paa slig vilkaar jeg og hermed stæder og fæster berørte Villum Rasmussen fornævnte sin faders paaboende stæd, der udi matriklen er takseret af avlingen til hartkorn 6 skjæpper - 2 fjerdingkar - 1 album hvoraf den fæstende svarer alle navnlige kongelige contributioner til forfaldstiderne og aucorderede kongelige til martini rede penge 6 rigsdaler. Af tilliggende Mølle Skyld hartkorn 1 tønde 2 skjæpper 2 fjerdingkar 2 album, udreder herskabet selv de kongelige skatter, saa længe Møllen er øde; mens personelle skat svarer fæsteren af sin familie og forældre.

Saa beholder fæsteren Niels Jensen i Østerbuur forrige frihed med, græsning udi halve Mølledam til bæster uforkrænket i alle maader, som forhen, og om tvistighed derom skulle indløbe, bliver det parterne paa forlangende udvist.

Villum Rasmussen befries og forløbber og kalkslagen med videre pligts arbejde, imod andre boels og huusmænd, i betraktning at stædet er Hovedgaarden saa langt fraliggende, dog har han opsigt med Bur kirkes smedie arbejds brystfældighed paa port, dør og stætter og andet at reparere, som efter billig beregning bliver ham godtgjort.

Saaledes Villum Rasmussen sin livstid, eller saalænge han deraf stædet, som meldt udreder alle kongelige contributioner, og herskabets landgilde nyde samme i fæste og brug.

Holder ellers stædets bygning og besætning, der autoges i nogen-lunde, god forsvarlig stand, ved hævd og lige, og det forbedre, gaarden tilbørligen dyrke, intet af nu tilliggende ejendommen til upligt bruge, eller fra stædet forvilde eller bortkomme. Det paahviler fæssteren i alle maader at holde "Hans Majestæts" anordninger efterretlig.

> Dette til bekræftelse under min haand og signete,
> samt fæsterens givne revers.
> Datum Sønder-Vosborg den 9. marti 1780.
> Paa Principalens vegne efter ordre.
> Nicolai Vissing.

## Fæstebrev til Jeppe Jensen Smedegaard i 1831

Andreas Evald Meinert Tang, ejer af hovedgaarden Nørre-Vosborg og underliggende bøndergods gjør vitterlig, at han stæder og fæster til Jeppe Jensen Smedegaard, det mig tilhørende sted i Bur sogn, Bur Mølle kaldet, af hartkorn 6 skjæpper - 1 fjerdingkar - 2-4/5 album.

Hvilket sted med bygninger og alle sine tilliggender, og den fæsteren overleverede besætning og inventarium, efter den afholdte syns og Taxationsforretning udvisende.

Bemeldte Jeppe Jensen og hans kone, om hun overlever ham og forbliver i enkestand, maa bruge og beholde i fæste deres livstid ...paa følgende conditioner!

1. Svarer han af stedets hartkorn alle kongelige skatter og offentlige afgifter af hvad navn nævnes kan, bankrenten dog undtagen, til rette og bestemte tider, efterladelse eller forsømmelse af denne fæsterens ufravigelige pligt virker ueftergivelig fæsteforbrydelse.

2. I aarlig landgilde betaler han under samme forpligtelse, hvert aars 1ste november paa Nørre-Vosborg 12 rigsdaler - 4 mark og 12-4/5 skilling rede sølv.

3. Efterlever han den under 20. august 1825 mellem ham og Villum Rasmussen og hustru oprettede aftægtscontrakt i alle dens ord og mening, hvilken contrakt er af hosbonden approreret.

4. Smedien i afholdte syns og afleverings forretning kan bort flyttes, om hosbonden finder det for godt, og uden at fæsteren kan eller maa gjøre nogen indsigelse derimod eller fordre nogen som helst erstatning derfor, og i dette tilfælde har fæsteren ikke noget at tilsvare dette huus tilhørende, hvorom dette fæsteren gives behørig paategning af hosbonden. Dog bør denne bortflytning skee imedens Villum Rasmussen lever, senest et aar efter hans død, i modsat fald bliver huset fremdeles stedet tilhørende. Fæsteren er fritaget for ind fæstning.

5. Holder han stedets bygninger, besætningen og inventarium altid alt i den stand, som i det, i ovenbemeldte syns og Taxationsforretning er ham overleveret og samme forbedrer, hvorfor han til enhver tid er hosbonden ansvarlig, og den hosbonden selv eller ved sin forvalter eller befuldmægtigede, hvert efteraar efterser bygninger og besætning, ogsaa for at fornemme om alt er i behørig orden, da fæsteren i manglende fald, hvis han ikke inden 4 ugers forløb derefter sætter alting i behørig stand maa tiltales til fæsteforbrydelse.

Fæsteren holder stedets bygninger bestandig forsikrede i "Landets almindelige Brandkasse", og betaler deraf den aarlige brandkontingent.

6. Det paaligner fæsteren ifølge loven 3-13-1 at gjøde stedets jorder vedbørlig og lovlig, og ej lade noget derfra forvilde eller forekomme, ligeledes er det hans pligt at dyrke og drive jordene med klogskab og forstand til hvilken han maa modtage det raad og den vejledning, som han af hans hosbonde gives i saa henseende; hvilke raad og vejledninger ej maa sigte til noget som ville overstige hans kræfter eller gribe ind i alt for fremmed og uvandte bearbeidelses maader.

7. Endelig paaligger det fæsteren, ifølge samme lov 3-13-1 at vise Jorddrotten, dennes forvalter eller andre hans udsendinger, sømmelig respekt, høflighed og lydighed, ligeledes er det hans pligt, at han i alt hvad, som ikke udtrykkelig ved dette fæstebrev er bestemt, retter sig efter forordningen af 25 marti 1791 - 6 december 1799 og 30 juni 1807, samt loven af de kongelige "Mayestætter" udgivne anordninger.

Slutteligen tilføjes, at stedet har uforandret det samme hartkorn tilliggende, som i den forrige beboer - selvejers tid har tillagt samme. Ligeledes tilføjes! at fæsteren er fritagen for at svare indfæstning.

*Dette til bekræftelse under mit navn og segl, samt fæsterens mig givne revers.*

*Nørre Vosborg den 20 december 1831.*

*A.E.M. Tang.*

*Læst ved Hjerm-Ginding Herreders Ret 20 januar 1832.*

*Nellemann.*

At jeg har modtaget ligelydende originale fæstebrev med fornævnte syns og Taxationsforretning vedhæftet, dette tilstaaer og vedgaar jeg herved og tilforpligter mig at holde mig samme efterrettelig.

*Datum utsupra.*

*Jeppe Jensen Smedegaard.*

*Til vitterlighed.*         *Jeppe Mortensen. Hans Nørgaard.*

## Fæstebrev til Jeppe Jensen i 1844

Andreas Evald Meinert Tang, ejer af Nørre Vosborg med underliggende bøndergods samt landvæsenscomissiair i Ringkjøbing amt, tilstaaer herved at have aproberet en mellem Jeppe Jensen af Bur-Mølle og Anders Christensen Huldal indgaaet handel om afstaaelse og overdragelse af bemeldte Bur-Mølle i Bur sogn her under godset.

1. Overlader Jeppe Jensen sit fæste paa Bur-Mølle til Anders Christensen til Iste maj, da filtædelsen af stedet sker. Med stedet følger, foruden den besætning, som er husbonden tihørende og Jeppe Jensen overleveret, foruden alt hvad der henhører til bygningerne og ejendommen. Endvidere Jeppe Jensens besætning af ind og udboe, saaledes som samme er ham solgt, nævnet og specificeret i de gode mænd Jacob Madsen og Christen Poulsens overværelse.

2. Giver Anders Christensen, Jeppe Jensen og hustru Johanne Marie Thomasdatter ophold deres livstid, bestaaende af god - tilstrækkelig føde lige med besidderne selv, enten ved deres eget bord, eller ved sygdom og alderdoms tilfælde ind i deres kammer, gode varme og anstændige klæder, beboelse i det østen for gangen sig befindende kammer, som holdes dem tæt og i orden, og om vinteren forsynet med varme. Opvartning og pleje i de svage og affældige dage, og efter deres død en anstændig begravelse. Derimod forpligter Jeppe Jensen sig til at arbejde for stedets besidder de fire søgnedage af ugen efter hans kræfter og alder, hvorimod de tre dage af ugen er til hans egen afbenyttelse og fortjeneste, enten for sig selv eller for andre.

Ogsaa konen Johanne Marie skulle være stedets besidder behjælpelig ved husvæsen efter nærmere anmodning. Skulle mod forventning uenighed opstaa mellem stedets besidder og nævnte aftægtsfolk om deres indbyrdes forhold og pligter, skal slig tvist afgjøres og paakjendes uden rettergang af hosbonden i forening med tvende voldgiftsmænd, hvoraf hver af parterne vælger en.

3. Som betaling for den Anders Christensen overladte besætning er lægger han til Jeppe Jensens kreditorer 50 rigsdaler, hvoraf de fem og tyve til undertegnede godsejer, tretten

rigsdaler til samme for skyld i Skjærum Mølle og de femten rigsdaler til Consul Ryegaard Holstebro, sidstnævnte sum betales snarest og det øvrige af summen til førstkommende snapsting.

4. Erlægger Anders Christensen i indfæstning i forestaaende snaps¬ting 20 rigsdaler courant og betaler forøvrigt den sædvanlige aarlige landgilde til hvert aars Iste november med 8 rigsdaler, der betales første gang til november 1844.

5. For øvrigt erlægges de aarlige kongelige skatter, offentlige paabud og byrder af stedet og personer, som nu paabudene er eller herefter paabuden vorder.

6. Naar ovenstaaende indfæstning og betaling for besætningen er erlagt, skal paa Anders Christensens egen bekostning i et og alt blive ham meddelt lovlig fæstebrev i samme form som andre gaardmand her under godset.

> Dette til bekræftelse under min haand og segl.
> Nørre Vosborg den 22 april 1844.
> A.E.M. Tang.

At vi undertegnede aftrædende og tiltrædende besiddere af Bur-Mølle for vort vedkommende ere tilfredse med ovenstaaende bestemmelser, der ere de hvorunder vi ved muntlig aftale har afsluttet handelen om nærværende overdragelse, bekræftes herved i vidners overværelse ved vore hænders underskrift.

> Jeppe Jensen. Anders Christensen.
> Til vitterlighed!
> Christen Hvoldal. Jacob Madsen.

Ovenstaaende indfæstning tyve rigsdaler courant, saavel som Jeppe Jensens restance fem og tyve rigsdaler courant, er mig betalt med 45 rigsdaler courant, hvorved herved kvitteres.

> Nørre Vosborg den 17 juni 1844.
> A.E.M. Tang.

## Burvej 83a (nedlagt i 1895)
## Tvangsborg
## Matrikelnr. 21a:

### Det eneste fæstebrev, der nogensinde blev udstedt paa "Tvangsborg", var til Jens Christian Jørgensen i 1836

Andreas Evald Meinert Tang, ejer af hovedgaarden Nørre-Vosborg med underliggende bøndergods, gjør vitterlig: at have stædet og fæstet, ligesom jeg herved stæder og fæster til Jens Christian Jørgensen. et mig tilhørende huus "Tvangsborg" kaldet, der er umatriculeret beliggende i Buur sogn, Hjerm herred her under Nørre-Vosborg gods, tilligemed bygning i overensstemmelse med herhoshæftede, og tilforseglede synsforretning, hvilken ejendom med ald lovlig tilliggende.

Bemeldte Jens Christian Jørgensen og hans hustru, hvis hun overlever ham og forbliver i enkestanden, maa nyde bruge og beholde udi fæste deres livstid paa følgende vilkaar!

1. Svarer fæsteren alle kongelige skatter og offentlige paabud, samt de byrder, som for tiden paahviler eller maatte komme til at hvile paa dette udmatrikulerede huus, til rette og anordnede tider - under sit fæstes fortabelse.

2. Svarer han i aarlig landgilde til hvert aars første november - en rigsbankdale 3 mark 9.3/5 skilling i rede sølv.

3. Forretter han til hovedgaarden eller lige vejs lægende - 15 dages hovarbejde, hvormed dog bemærkes! at saalænge hosbonden lader skjære tørv (klyner) i den Vosborg tilhørende mose i Øster-Buur, skal benævnte 15 dage aftjenes ved i mosen - for hver dag at skære og Røgle 10 forsvarlige store læs klyner, og er fæsteren forbundet til at være pramfolkene behjælpelig med at bære klyner fra mosen til prammen i Storaaen, hvis hosbonden skulle ville have dem tilbaaren. Hvorimod fæsteren alene skal være forbundet til hjælp ved at læsse dem paa vognen og af samme paa prammen, hvis husbonden lader klynerne køre af mosen. Det beror allene paa hosbonden, hvad maade klynerne skal tranporteres. Hvis fæsteren ej leverer de ovennævnte læs klyner - i paakrævende tør forsvarlig stand kastede klyner, kan han ifølge forordningen af 30. januar 1807 mulkteres med 1 rigsdaler for hver - to ikke leverede læs klyner, hvor med en dags arbejde atter aftjenes -og desuden være pligtig til efter tilsigelse at forrette en hoveri-dag paa Nørre-Vosborg for hver to læs klyner - hveri antages.

Er fæsteren opsætlig under tilførelsen og leverancen af klynerne, eller det øvrige med skjæringen og tørringen forbundne arbejde, kan han strafes som ovenmeldte forordning bestemmer - med en mulkt indtil 3 rigsbankdaler. Og sker denne forseelse i flere til arbejdet forsamlede to aars hoveries overværelse, straffes han med dobbelt mulkt, ligesom naar det sker tredie gang, saaledes herfor har sit fæste forbrudt.

b. De aar derimod hvori hosbonden ikke lader klyner skjære i sin østre mose i Buur sogn, skal fæsteren være forbunden til at forrette ovenmeldte 15 hoveridage her paa hovedgaarden, dog saaledes, at han forretter de 2 dage umiddelbar efter hver andre, og skal der da gives ham fri natteqvarter natten mellem disse to dage.

Med henhold til disse hovdages udførelse underkaster fæsteren sig bestemmelserne i vedhæftede "Hoveri Reglement" for huusmændene paa Nørre-Vosborg gods, dog tilføjes endnu at fæsteren kun kan tilsiges 5 dage aarlig i høhøsten og 2 dage i kornhøsten.

4. Sin gamle moder giver fæsteren huuslye - med varme klæder - opvartning med mere efter den mellem ham og hende gjort acort.

5. Holder han huusets bygning altid i den stand, som det nu efter tilforseglede synsforretning er ham overleveret, og samme forbedre, hvorfor han til enhver tid er hosbonden ansvarlig, og kan denne selv eller ved sin forvalter - eller befuldmægtige en gang om aaret, lade bygningen efterse - for at fornemme, om alt er i vedbørlig orden da fæsteren i manglende fald, og hvis han ikke inden fire uger derefter har sat alt i stand - maa tiltales til fæste-forbrydelse.

Bygningen, hvortil fæsteren i ulykkes tilfælde er ansvarlig, holder han bestandig forsikrede i "Landets almindelige Brandkasse", han betaler deraf den aarlige brandkontingent.

6 Det paaligger fæsteren ifølge loven at gjøde, dyrke og drive jorden med flid og klogskab - og til at lade sig modtage gode raad og vejledning af hosbonden, hvilke raad bør følges, naar de ikke overstiger fæsterens kræfter eller griber ind i alt for uvante og fremmede agerdyrkning.

7. Den sømmelige høflighed og lydighed - som fæsteren ifølge loven og sammes anordninger er deres hosbonde, hans forvalter og rette budsendinger skyldig, gjøres det ham til pligt at udvise dem, ligesom han er pligtig at rette sig efter loven og de allernaadigste udgangene kongelige anordninger.

Sluttlig bemærkes, at fæsteren har betalt i indfæstning 16 rigsdaler sølv, for hvilke seksten rigsbankdaler sølv, herved kvitteres, huuset har uforandret det samme tilliggende, som af gammel tid har tillagt det.

Dette til bekræftelse under min haand og segl, samt fæsterens givne revers.

Nørre-Vosborg den 24. december1836. A.E.M.Tang.

Skjønt nærværende fæstebrev formedels indtrufne forhindringer, ej har kunnet blevet tinglæst inden den tid - som forordningen af 8. februar 1810 - befaler, saa skal den dog for undertegnede og efterfølgende godsejeres medbestemmelse have samme forbindende kraft, som om den var læst paa næste "Ting" efter dens udstedelse, hvilket herved med min underskrift bekræftes.

*Nørre-Vosborg den 25 marts 1837.*
*A.E.M.Tang.*
*Tinglæst den 31 marts 1837.*
*Protokolleret i nr. 17 - follie - 31-32.*
*Gebyr 1 rigsd. 9 mark sølv.*

**Bygaden 37**
**Nygaard**
**Matrikelnr. 2.a.**

### Fæstebrev til Bertel Madsen i 1738

Jeg Maren Linde til Nørre Vosborg kiendes og hermed vitterliggiør, at have stæd og fæst, som jeg hermed og stæder og fæster til Bertel Madsen Fjand en mig tilhørende bondegaard, beliggende i Bur sogn Nygaard kaldet, er anslagen i nye matricuel til hartkorn - 6 tønder -2 skjæpper, hvilken bemeldte gaard hand skal nyde, bruge og beholde hans livs tid, med ald dens rette tillæg, som nu ere, eller af arilds tid tillagt haver, med condition at han ægter enken paa stedet Maren Madsdatter. Gaarden tiltræder han i sin fulde tilstand fri for landgilde, rejser og ald anden hoveri, (undtagen 1 Dagberg rejse eller lige lang vej, for mig om aaret giøre, og "Skatte Ruget" til Ringkiøbing, at køre.) Skal hand give mig aarligen til hver martiny i penge 12 rigsdaler, skriver tolv rigsdaler, alle kongelige contributioner som nu ere eller herefter paabydendes vorder, svarer hand til de rette terminerende tider. Stedet at bebygge og forbedre. I det øfrige retter sig efter hans "Kongelige Maystædts" allernaadigste lou og forordninger, hvilket foreskrefne i alle sine punkter af mig, eller efter min død af samme steds ejere vurder skal blive holdt uvigelig.

Og i fald dette ej saaledes, som her er meldt af mig eller stedets ejere skulle være efterlevet og holdt, og bemeldte Bertel Madsen eller hans hustru efter hans død have frie forlov at flytte og have med, alt hvis i gaarden findes, inden og uden døre, hvorfor hand el¬ler hun lyster uden nogen prætiation, naar gaarden i den samme standigen bliver leveret, som den nu antages, saasom den nu er i sin fulde drift og husene upaaklagelige.

*Dette til bekræftelse under min haand og signere.*
*Nørre Vosborg den 26 september 1738.*
*Maren Linde.*

### Fæstebrev til Jens Pedersen i 1764

Jeg Christen de Leth til Nørre Vosborg "Deres kongelige Maystædts Landsdommer" i Nørre Jylland, kiendes og hermed vitterlig giør,at have stæd og fæst, som jeg og hermed stæder og fæster til Jens Pedersen, barnefødt i Vinding Sogn, og med lovlig pas fra sit forrige Herskab Condistorialraad Jerminn til Ausumgaard en afskedisgelse, een mig tilhørende gaard beliggende i Bur sogn, Nyegaard kaldet, anslagen udi nye matricuel hartkorn 6 tønder - 2 skjæpper, som afgangne Bertel Madsen sidst paaboede og fradøde - hvilken gaard fornæfnte Jens Pedersen sin livstid maa nyde bruge og beholde med ald den ret, som dertil ligger og af alders tid lagt haver, imod at han deraf svarer alle kongelige skatter og contributioner, som nu ere eller herefter paabydes vorder. Yder mig udi skyld og landgilde til hvert aars martiny 18 rigsdaler dansk courant mynt, samt aarlig giøre en rejse til Dagberg eller lige lang vej, ligesom de andre fribønder.

Sluttelig i henseende til stædets drift og hans øfrige forhold, haver han sig efter "Hans Maystæts" lou og forordninger at rette.

> *Nørre Vosborg den 31. december 1764.*
> *Christen de Leth.*

Ovenstaaende og ligelydende originale fæstebrev haver jeg i dag paa behørig stemplet papir rigtig annammet og i alle maader lover at hol*. de mig samme efterrettelig.

> *Til ydermere bekræftelse haver jeg denne min "Revers" selv under-skrevet.*
> *Nørre Vosborg den 3. januar 1765.*
> *Jens Pedersen.*

## Fæstebrev til Jens Pedersen i 1785

Jeg Christian Linde Fridenreich til Pallisberg - Sønder-Vosborg - Steenumgaar - Krogsdal etv. gaarde.

Kiendes herved, at som forrige fæster Jens Pedersen paa Nygaard i Bur under Nørre Vosborg Gods tillige med hans hustru kort tid efter hinanden ved døden er bortkaldet, saa for at see børnene forhjulpet nogen understøttelse i gaarden, især den svage søn Mads Bertelsen at vorde forsynet med livsophold paa stædet.

Efter sluttede skifteforretning af 7de marti sidst, bliver sønnen Niels Christian Bertelsen hermed stæd og fæst berørte Nygaard matriculleret nr. 2 og 6 = hartkorn 6 tønder - 2 skjæpper med sit tilliggende ejendom, bygninger og besætning, inden og uden døre straks at antage og beholde i fæst og brug, saalænge han deraf udreder alle nærværende og paakommende kongelige contributioner til forfalds- tidende og landgilden efter jordebogen til hvert aars martiny rede penge - 18 rigsdaler. Forretter ægt og arbejde ligemed øvrige hovfrie bønder paa godset - holder stædets bygninger og besætning, der antages i forsvarlig stand ved hæfd og lige og samme forbedre.

Ejendommen tilbørligen dyrker, og intet deraf til nogen upligt bruger, endvidere fra stædet paa nogen maade forvilde eller bortvende.

Men sig som en fæstebonde efter "Hans Maystæts" lou og anordninger at rette og foreholde.

> *Dette til bekræftelse under min haand og segl samt fæsterens givne "Revers".*
> *Datum Kierholm den 14. juni 1785.*
> *C.L. Freidenrich.*

Ligelydende gienpart fæstebrev haver jeg underskrevet modtaget, samme herved reverserer jeg i alle dele at opfylde under dette fæstebrevs fortabelse.

> *Datum ut Supra. - Niels Christian Bertelsen.*

## Fæstebrev til Anders Andersen i 1807

Niels KjærTang til Nørre-Vosborg, kiendes og vitterligt giør, at have stædet og fæstet, ligesom jeg og hermed stæder og fæster til Anders Andersen født i Lille Torp i Naur sogn, en mig tilhørende gaard, Nygaard kaldet beliggende her under Nørre-Vosborg gods, Bur sogn, som forrige fæster Niels Chr. Bertelsen sidst beboede og fradøde, hvis enke Johanne Sørensdatter han er indgaaet i ægteskab med. Hvilken benævnte gaard Nygaard, der udi sidste landmaalings - matricuel er sat for hartkorn 6 tønder-2 skjæpper; men ved sognets udskiftning af fællesskabet i 1805 formedels den til Nørre-Vosborg - Hovedgaard, paa grund af ejernes brugsret afgivne hede, med tillæg af hartkorn -fra samtlige hartkornets Brugene i Bur sogn, er ifølge landindspektørens lignings-beregning bleven nedsat til hartkorn - 5 tønder - 7 skjæpper - 3 fjerdingkar og 3/10- album, tidlige med ald det bemeldte ¬ hartkorn ved udskiftningen tildelte ejendomme, saavel som de paa gaarden værende bygninger, og den derved befindende besætning og inventarium. Bemeldte Anders Andersen skal nyde og beholde udi fæste og brug sin livs tid, imod at han opfylder følgende conditioner:

1. At han af fornævnte gaards hartkorn betaler og udreeder alle kongelige contributioner, samt personelle skatter af sig og familier i gaarden, som nu ere eller herefter vorder paabudet til anordnede tider.

2. Han betaler udi aarlig landgilde til hver St. Mortensdag, reede penge 25 rigsdaler samt giør rejser og ægter i proportion deraf.

3. Gaardens bygninger, besætning og inventarium som antages efter den her hos hæftede under 7de november sidst afhiemlede syns og taxa¬tionsforretning, holder han i anordningsmæssig stand ved lige, ejendommen tilbørligen driver og dyrker og ej til nogen upligt bruger -mindre bortleje eller paa nogen maade fra gaarden lader forvilde og forekomme.

4. I henseende til giældens udbetaling efter forrige fæster og de 20 rigsdaler, som dennes 2 børn af første ægteskab er tillagt i mødrene arv, samt skifte-bekostningernes udredelse, holde fæsteren sig skifte-slutningen under 28. september d.aa. efterrettelig. I øvrigt haver han sig efter hans "Kongelige Maystæts" lov og anordninger at forholde.

> *Til bekræftelse under min haand og segl og fæsterens givende "Revers".*
> *Nørre-Vosborg den 21. november 1807.*
> *Niels Kjær Tang.*

At jeg haver modtaget ligelydende originale fæstebrev, som foranstaaende tilligemed den deri anmeldte syns og taxations- forretning vedhæftede samme. Det tilstaar jeg herver - samt lover og forbinder mig til at holde mig samme i alle deele efterrettelig; hvilket bekræftes under min haand og vitterligheds mænds underskrift.

## Fæstebrev til Jeppe Lauridsen i 1837

Andreas Evald Meinert Tang. Ejer af Nørre-Vosborg med underliggende bøndergods, gjør vitterlig at have stædet og fæstet, ligesom jeg herved stæder og fæster til Jeppe Lauridsen fra Harbogaard i Sønder Nissum en her under - Nørre-Vosborg gods beliggende gaard, "Nygaard" kaldet, af hartkorn 5-7-3-3/10 = i Bur sogn - Hjerm herred med samtlige sine tilliggende, saavel som med den i hos hæftede - syns og taxations-forretning af 19. juni d.aa. Spiviseferede Indventarium og besætning; hvilket alt bemeldte Jeppe Lauridsen og hans hustru, hvis hun overlever ham og forbliver i enkestanden skal nyde, bruge og beholde udi fæste deres livstid paa følgende vilkaar

1. Svarer fæsteren af gaarden og dets hartkorn alle kongelige skatter, offentlige paabud og byrder, af hvad navn nævnes kan, bankrenten alene undtagen, til rette og anordningsmæssige tider, her paa gaar den naar tilsagt vorder, da efterladelse ueftergivelig virker fæsteforbrydelse.

2. Svarer han i aarlig landgilde til hvert aars iste november - her paa gaarden 30 rigsbankdaler.

3. Forretter han aarlig naar tilsagt vorder 2 rejser paa 4 mil - med 4 tønder rug eller andre varer i forhold ligesom hans formand.

4. Yder han under sit fæstes fortabelse sine svigerforældre - Anders Andersen og Sørensdatter den aftægt, som han har forpligtet sig til, da de overlod ham fæstet paa deres gaard, og som nøje er bestemt og spesifiseret ved den mellem dem oprettede aftægtskontrakt, der af mig bliver opbevaret.

5. Holder han gaarden, dets bygninger og besætning altid i samme stand, hvori det nu er ham leveret, efter hos forheftede overleverings og taxations-forretning, og samme forbedre. Hvorfor han til en hver tid, er hosbonden ansvarlig, og er denne berettiget til at føre tilsyn - og i tilfælde af forsømmelse at tiltale fæsteren til fæsteforbrydelse. Bygningerne hvortil fæsteren i ulykkestilfælde er ansvarlig, holder han altid forsikrede i "Landets almindelige Brandkasse" og betaler deraf den aarlige brandkontingent.

6. Det paaligger fæsteren ifølge loven vedbørlig at dyrke sine jorder, og ej at lade noget af dem forvilde, eller noget af afgrøden bortkomme. Endvidere gjøres det ham til pligt med flid og klogskab, at dyrke sine jorde, og til det enda at modtage raad og vejledning af hos bonden, der dog ej maa sigte til noget, der ville overstige hans kræfter, eller gribe ind i for uvante og fremmede bearbejdelsesmaader.

7. Det paaligger endelig ogsaa fæsteren ifølge loven og senere anordninger at vise jorddrotten, dennes forvalter og udsendinge - respekt, agtelse og høflighed, ligesom det er fæsterens pligt at opfylde dette lovbud, saa maa han ogsaa i alt som ikke ved dette fæstebrev udtrykkelig er nævnt eller bestemt, rette sig lig med hver andenistatens borger efter loven og de allernaadigste indgangene anordninger.

Sluttelig tilføjes at gaarden har det samme hartkorn og tilliggende som under den forrige fæster, og at fæsteren har betalt mig 160-rigsdaler rede sølv i indfæstning.

> *Dette til bekræftelse under min haand og Segl, og fæsterens givne "Revers".*
> *Nørre-Vosborg den 22 december 1837.*
> *A.E.M. Tang.*

## Erstatning fra Statsbanen i 1873

Da statsbanen midt i 1870erne blev anlagt imellem Holstebro og Ringkøbing, kom den til at gaa meget tæt syd om gaardens bygninger, banen delte saaledes marken i to dele.

Der findes følgende om dette i landsarkivet i Viborg, direkte citat:

Den ledende Landinspecteur i Taxations-commissionen i anledning af Jernbaneanlæg i Ringkjøbing Amt (Vestbanen).

## Viborg den 1. maj 1873.

Ved den, den 25. April afholdte Taxationsforretning blev for under anførte Ejendoms vedkommende Erstatning ansat som følger:

Matrikels nr. 2 - Etatsraadinde Tang til Nørre-Vosborg. Fæster Jeppe Lauridsen.

1. For afgiven Hedejord til Banen i 2 Stationers længde fra vestre Skjæl pr. tønder land 1o Rigsdaler

2 For afgiven Agerjord til Banen og Banevogterhus pr.tdr.land 125 Rigsdaler, er Eet Hundrede og Fem og Tyve Rigsdaler.

3. For Overskjæring, Driftsforstyrrelse, udlæg af Driftsvej og ulempe ved mergelkjørsel og Banens nære beliggenhed ved Gaarden ialt 250 Rd. er To Hundrede og Halvtredsindstyve Rigsdaler.

Fæsteren er holder aarlig 4% Rente af Ejendommens tilflydende Erstatning, hvilket herved tjenstlig meddeles.

Ifølge en ny skrivelse, der var dateret i Ringkøbing 30. maj 1874, blev det bestemt at udbetale et fast beløb til hver af de faa fæstere, der var tilbage i Bur sogn. Selvejerne fik jo selv beløbet udbetalt.

Til Jeppe Nygaard lød meddelelsen saaledes:

I forhold den de øvrige Fæstere i Bur Sogn tillagte Godtgjørelses, summer, mener jeg at godtgjørelsen til "Dem" passende kan ansættes til 90 Rigsdaler.

## Nygaard, endnu fæstegaard under Nørre Vosborg i 1879
ved Jeppe Lauridsens død i 1879 skulle der foretages en vurdering.
Citat: AAr 1879 den 10 april mødte vi undertegnede:

Sognefoged Anders Kielsholm og gaardejer Anders Korsgaard af Bur sogn i gaarden Nygaard i Bur for at foretage en syns og taxations-forret¬ning i anledning af at Nygaard, som ved fæstebrev af 22. december 1837 var bortfæstet til Jeppe Lauridsen og hustru paa deres livstid, skal overleveres ejeren godsejer Valeur til Nørre-Vosborg, da fæsteren - den 22. marts dette aar er afgaaet ved døden. Anders Kielsholm mødte - som udmeldt Skjøensmand for godsejeren - gaardejer Anders Korsgaard -som udmeldt af afdødes myndige børn og arvinger.

Under forretningen var tilstede for godsejeren fuldmægtig Frandsen fra Holstebro og arvingerne gaardmand Laurids Jeppesen af Nørre-Bundgaard i Gørding, der ogsaa repræsenterede søsteren Johanne Nygaard fra Staunsrup i Flynder, desuden var tilstede gaardmand Marinus Jeppesen i Rørsgaard i Bur, Jens Vallentin Jeppesen, Jens Nygaard Jeppesen, Anders Nygaard Jeppesen og Ane Marie Jeppesen, der alle var myndige.

Det originale fæstebrev af 22. december 1837 fra godsejeren til Jeppe Lauridsen var tilstede tilligemed den under 19. juni 1837 forseglede syns og taxations-forretnig herved gaarden med besætning og inventarium overleveredes den afdøde fæster.

Vi besigtige derfor gaardens bygninger, vi fandt at disse bestaar -af 4 længer af samme demissioner og udenomhusligt paa samme maade som ved overleveringen. Vi fandt vedligeholdelsen af bygningerne passende, dog skjønner vi, at følgende mangler bør afhjælpes af "Boet" eller arvingerne.

1. Paa Vaaningshuset (stuehuset) oplægning af fire traver tag og 3 traver lyng, opsætning-a.1 stk. aas 10 alen lang i vestre hus og en jordstamme i samme hus, ligeledes 1 stk. aas i laden 10 alen lang og fornyelse af lægter forskjællige steder + arbejdsløn til snedker eller tømrer ialt 15 kroner.

2. Vi besigtigede derefter jordene, hvoraf omtrendt 12- tønder land er besaaede med rug, vi skjønner, at der i erstatning derfor tilkommer arvingerne følgende beløb: Tilberedning af 12 tønder land af 16 kr.- 66 ører - er 200 kr. - tillagt 8 tønder rug indkjøbt til en pris af 12 kr. pr. tønde - 96 kroner. Endvidere er i 5- tønder land gjødet til foraarskorn, erstatning derfor kan efter vort skjøn anføføres til 3 kroner pr. tønder land - er 15 kroner ialt 311 kroner.

3. Vi besigtigede derefter besætningen, som nu bestaar af 2 heste 4 køer og 4 stude, heraf udtager arvingerne de - 4 stude, som deres ejendom, hvormed besætningen er forøget siden overleveringen. Vi vurderede derfor, 2 heste (1 brun hoppe med stjern og en sort hoppe til 620 kroner) 4 køer (1 graabroget og 3 sortbrogede) til 500 kroner - ialt 1120 kroner.

Den med gaarden overleverede besætningsværdi 264 kroner, formener vi at kunne efter nuværende priser at forhøje med 175 % , hvorefter altsaa en besætning bør afleveres til ejeren af værdi ialt 726 kr. , saa at arvingerne i erstatning for besætningens forbedring bør have 394 kroner. I anledning af, at der med gaarden er afleveret tre heste og et føl, skulle vi bemærke, at to heste af den godhed som for tiden findes paa gaarden er tilstrækkelig til gaardens drift.

4. Derefter besigtigede vi avlsredskaber og inventarium og fandt at der med bør afleveres følgende gjenstande, som findes i gaarden.

2 beslagne vogne med tilbehør, 1 plov, 2 harver, 1 hakkelseskiste 3 høleer, 3 river, 2 plejler, 1 høfork, 1 spade, 2 jerngrebe,2 skov¬le, 1 øse, 1 hammer, 1 knibtang, 2 lyngleer, 1 sædeløb,1 kasteskovl 2 solde, 4 kornsække, hvis tilstand findes passende.

Det er en selvfølge, at den tilstedeværende beholdning af gødning og fourage forbliver ved gaarden, som hørende til denne.

Det tag som efter det foranførte bør oplægges findes paa gaarden, og hvad der bliver tilovers af tag, derefter foresiger vi bør tilhøre arvingerne som en erstatning for, at der i flere aar er kjøbt korn - som er fodret op paa gaarden, hvorved dennes jorder ved forøget produktion af gjødning er forbedret.

De tilstedeværende arvinger erklærede sig for deres vedkommende tilfredse med forretningen.

Fuldmægtig Frandsen forbeholdt sig godsejer - Valeurs egen erklæring derover.

At denne forretning er afholdt efter samvittighed og bedste skjøn bekræfter vi hermed med vore underskrifter.

　　　　　*Nygaard i Bur den 10. april 1879. Anders Kielsholm.　　　Anders Korsgaard.*

**Om Johan Christensens overtagelse af Nygaard i 1881 foreligger følgende**
I henhold til de dags dato ved auktionen over Nygaard i Bur sogn 411 fremlagte conditioner, have vi undertegnede, jeg godsejer - Henrik Stampe Valeur og jeg Johan Christensen fra Flynder afsluttet handel om nævnte gaard paa følgende nærmere betingelser:

1. Købesummmem er bestemt til 10.500 kroner, nemlig 5.000 kroner -som afskrives paa Nørre Vosborgs gæld til kreditforeningen, 200 kr.¬svares aarlig i arvefæsteafgift og regnes lig 5.000 kroner, resten -500 kroner betales til juni termin 1881, og for samme rigtige betaling kautionerer køberens broder Hans Christensen af Vang i Flynder.

2. Alt forrentes fra 1. april dette aar til Kreditforeningen med 5% og de 500 kroner med 4% ligesom arvefæsteafgiften betales første gang til 1. november dette aar med et beløb svarende til tidsrummet -fra 1. april til 1. november.

3. Køberen udreder alle papirernes udstedelser med undtagelse af skødet, som halvt udredes af sælgeren.

4. Recognition ved ejerskifte udredes med 400 kroner og i øvrigt paa de i conditionerne nævnte betingelser, ligesaa med hensyn til jagt og fiskeri.

5. Købekontrakt oprettes og skøde udstedes til juni 1881.

6. I fald parceller frasælges overtager disse arvefæsteafgift og Recognition i forhold til hartkornet, som saa skal staa paa iste prioritet i samme.

> Nørre Vosborg 20. marts 1881.
> H.S. Valeur.   Johan Christensen.
> Tinglyst 30 juni 1881.

## Skøde til Christen Christensen i 1898

Anders Jensen Lærke, sælger og aldeles overdrager til Christen Christensen af "Æbeltoft Mark" hovedparcellen af matrikels nr. 2.a-Bur by og sogn, ifølge landbrugs-ministeriets udstykning af 6. marts 1897, nu er paa 2 tønder - 3 skjæpper - 1 fjerdingkar -  3/4 album - gammel skat 37 kr. 89 ører.

Med ejendommen følger bygninger med mur og naglefast tilbehør, ildebrændsel, avl, besætning, inventarium og avlsredskaber, hvoraf særlig fremhæves - 4 heste - 1 føl - 23 fækreaturer - 8 faar - desuden-3 arbejdsvogne - 1 svensk og 2 danske harver - 2 plove - tærskeværk og hakkelsesmaskine - 1 rensemaskine samt andel i radsaamaskine.

Købesum 13.200 kroner - deraf for besætning - avl og inventarium 4.900 kroner.

Afgifter til Nørre-Vosborg og præstetidende I tønde rug og smaaredsel til I 1/2-tønde rug og til degnen 3-1/4 tønde byg.

> Nygaard i Bur den 22 oktober 1898.
> Som sælger - . Anders Jensen Lærke
> Som køber - Christen Christensen.

Tinglyst 11 november 1898.

**Engbjergvej 1**
**Engbjerg**
**Matrikelnr. 10.b.- 10.p.**

### Contract mellem Jens Christen Dige og Else Kirstien Nielsdatter i 1854

Undertegnede gaardmand Jens Christensen Dige, fæster af Kjærsgaard i Buur sogn under Nørre-Vosborg gods og undertegnede Else Kirstine Nielsdatter - besidder af huset, der er opført - paa Kjærsgaard mark, tilstaar at vi med hinanden have indgaaet følgende contrakt

Ovenstaaende af mig Else Kirstine Nielsdatter beboende huus, som af mig i forening med forrige fæster af Kjærsgaard er opført og bekostet, er at betragte som tilhørende, nuværende besidder af Kjærsgaard Jens Dige og er i min besiddelse som leiske i min livstid, jeg forpligter mig, som hidtil, at holde samme huus vedlige paa bygning, paa fag og tag med vinduer og døre, saa det efter min død i god stand -kan afleveres til fæsteren af Kjærsgaard.

Jeg Jens Christensen Dige, tilstaar at have overladt - ovennævnte huus til Else Kirstine Nielsdatter til fuld raadighed hendes livstid paa samme maade, som hun hidtil har besat det - uden nogen mands indgreb eller tiltale i nogen henseende.

I lige maade skal hun have brugen af de agre, som hun hidtil har afbenyttet til huuset paa samme maade, som dette tilforn i hendes besidelsestid er sket.

Paa grund af at Else Kirstine Nielsdatter - selv har bidraget til opførelsen af huset, som nu er min ejendom og tilfalder mig efter hendes død, overlades hende saavel huuset - som agrene til brug hendes livstid - uden nogen leieafgift - tyngde eller byrder i nogen henseende, hverken til mig eller efterkommende besidder eller ejer af gaarden Kjærsgaard i Buur sogn.
Dette til bekræftelse ved partnernes underskrift, og i vidners overværelse.

> *Jens Dige.*              *Else Kirstine Nielsdatter.*
> *Med ført pen.*          *Med ført pen.*
> *Til vitterlighed.*
> *Laurids Storm.*        *Anders Burmølle.*

Ovenstaaende leiecontrakt mellem Else Kirstine Nielsdatter og Jens Christensen Dige, approberes herved af undertegnede godsejer.

> *Nørre-Vosborg den 1 marty 1858.*
> *A.E.M. Tang.*

## Idomvej 6.
## Lærkesminde
## Matrikelnr. 2.b.

### Skøde til Ejler Chr. Nielsen i 1901

Anders Jensen Lærke tilstaar herved at have solgt gaarden "Lærkes -minde i Bur med et jordtilliggende i td. - 3 skj. - 0 fjerdk. - 2.1/2 album - til snedker Ejler Chr. Nielsen af Hørdum med paastaaende bygninger med tilbehør. Deraf kan nævnes kakkelovne - 1 grubekeddel -faste hylder, rækker og deslige, dog med undtagelse af en kakkelovn 1 hestegang med tilbehør - 1 flagstang - 1/2 part i havesager i sommer - et klokkehus og gardinstænger.

Endvidere medfølger i handelen 2 heste - 8 køer - 2 kvier - 6 -kalve - 3 arbejdsvogne - 2 sæt seletøj - 1 plov - 1 dansk harve og 1 svensk harve - 1/2 part i tromle og 1/2 part i renseplov - 2 høleer - 2 grebe - 1 møgbør - 3 transportspande og 2 malkespande.

Hvad der ellers er af besætning beholder sælgeren.

Købesum 17.000 kroner - deraf 14.000 kroner for den faste ejendom 3.500 kr. for besætning og inventar.

Arvefæsteafgift, 200 kr. - Recognition 138 kr. til Nørre Vosborg, desuden forbeholder Vosborg sig retten til jagt og fiskeri paa ejendommen bevaret.

I handelen indgaar Eiler Nielsens tilhørende ejendom med savskæreri og maskinsnedkeri ved Hørdum station og en bygning ved Hvidbjerg station, hvori der drives øl forretning.

(Disse ejendomme maa Anders Lærke have solgt igen, han flyttede ikke selv til Thy. red)

*Overtagelsen skete 25. juni 1901, Eiler Nielsen fik tinglyst skøde 5/7-1901.*

## Lindtorpvej 15
## Tangsgaard
## Matrikel nr. 15a. 15e. 11h. 10L.

### Fæstebrev til Kristen Knudsen i 1753

Kiendes jeg underskrefne Henrik Leth til Nørre-Vosborg, at have stæd og fæst, som jeg hermed stæder og fæster til Kristen Knudsen af Buur et mig tilhørende stæd i Buur sogn, "Tangsgaard" kaldet, hvilket stæd fornæfnte Kristen Knudsen, med tilhørende eng og ager, hede og fællig, som dertil ligger, og af alders tid lagt haver, maa bruge nyde og beholde sin livs tid, med condition, at han deraf svarer i rette tider alle kongelige contributioner; som nu ere, eller herefter paabydes vorder. Item betaler mig i rette tider til skyld og landgilde 4 rigsdaler 4 mark og aa parte giøre fire dages sommer arbejjbeide aarligen her paa gaarden. Han betaler mig i dag 10 rigsdaler til indfæstning, hvorimod Kristen Knudsen skal beholde de fæ og faarehøvder, der paa stædet findes, undtagen fire faar, som er enken givet, tillige med ald hendes indboe, dog ikke den bedste bord og bedste skammel, som ved stædet forbliver.

Kristen Knudsen skal være frie for løbber og kalkslagen, for dette skal han sætte stædet i forsvarlig stand; men hørspind skal han giøre eller betale tillige med de andre hans medtienere.

I det øfrige haver den fæsterade sig at "rette efter vores allernaadigste konges lov og forordninger".

> Dette til bekræftelse under min haand og signere.
> Nørre-Vosborg den 29 marty aar 1753.
> Henrik Leth.

## Fæstebrev til Peder Nielsen i 1752

Kiendes jeg underskrevne, at have stæd og fæst, ligesom jeg hermed stæder og fæster til Peder Nielsen, forhen boende i Ragborg, et mit stæd i Buur sogn, anslagen udi nye matricuel for 1 tønde hartkorn, "Tangsgaard" kaldet, som Kristen Knudsen sidst paaboede, og sam¬me i dag godvillingen med min consens til havnem afstaaet haver.

Hvilke stæd fornævnte Peder Nielsen, sin livstid maa nyde bruge og beholde med ald den ret, som dertil ligger, og fra arilds tid lagt haver, samt den af ham ved stædet oprettede "Stampe Mølle" med reverration, at han ved vandets opstemmen eller udslag ej forvolder sine naboer skade og fortræd. Imod at han deraf i rette tider betaler alle kongelige skatter og contribitioner, som nu ere eller herefter paabydende vorder, samt giver mig til aarlig landgilde hver martiny 6 rigsdaler 2 mark 12 skilling, løber og kalkslagen skal han være befriet for.

I det øvrige haver den fæstende sig i henseende til stædets drift med videre forhold, efter "Hans Maystæts" allernaadigste lov og forordninger at rette.

> Nørre-Vosborg den 12 juni 1762.
> Christen de Leth.

Ligelydende originale fæstebrev haver jeg i dag annammet og i alle maader at opfylde.

> Datum ut supra.
> Peder Nielsen.

## Fæstebrev til Christen Christensen i 1793

Peder Tang til Nørre-Vosborg - kiendes herved, at som Christen Christensen fra Møborgaae i Møborg sogn, har befriet sig afgangne Peder Nielsens enke i Tangsgaard, her paa mit gods i Buur sogn og desaarsag anholdt om at vorde bemeldte stæd i fæste forundt.

Altsaa stæder og fæster jeg hermed benævnte Christen Christensen der nu paa niende aar har staaet landsoldat, og til næste persion formoder sig afskeds-pas! anmeldte stæd

"Tangsgaard" kaldet - ansat under matricuel no. 1 i Østerbuur for hartkorn - 1 tønde, med sit tilliggende og tilhørende ejendomme - item bygning og besætning, ligesom det forefindes, straxen at antage og beholde udi fæste og brug, sin livstid eller saa længe, han deraf til rette forfalds tider udreder alle kongelige contributioner, som nu ere eller herefter vorder paabudet, samt svare den sædvanlige landgilde, som er aarlig til martiny - 6 rigsdaler 2 mark 12 skilling.

Holder stædets bygninger, samt den dermed antagne besætning - ved hævd og lige; samt løvrigt i henseende ejendommens behandling - med videre, rette sig efter hans "Kongelige Maystæts" lov og anordninger. Saaledes er stædet ham uden nogen indfæstning forundt.

*Bekræftes under min haand og segl, samt fæsterens givende revers.*
*Datum Nørre-Vosborg den 7 december 1793.*
*Peder Tang.*

Ligelydende originale fæstebrev haver jeg underskrevet annammet som jeg herved tilforbinder mig i alle maader at holde mig efterrettelig.

Tillige tilstaar jeg at have modtaget besætning og inventarium med stædet - 1 gammel bæst (hest) 2 køer og 10 faar.

Bekræftes med min haands underskrift. Christen Christensen.

Da stædet paa bygninger og besætning - med videre er mig overleveret efter syns forretning af 4 april dette aar, som dags dato mit fæstebrev er bleven vedhæftet, saa bliver samme reglen for afleveringen i sin tid, tilstaar jeg.

*Nørre-Vosborg den 10 april 1794.*
*Christen Christensen.*

## Fæstebrev til Peder Christensen i 1838

Andreas Evald Meinert Tang, ejer af Nørre-Vosborg og underliggende bøndergods, gjør vitterlig at have stedet og fæstet til Peder Christensen af Sønder Hjerm, et her under godset beliggende sted, "Tangsgaard" kaldet, af hartkorn 7 skjæpper 3 fjerdingkar 1.1/2 alb. med samtlige sine tilliggende, saavel som den i hoshæftede - syns og Taxationsforretning af 19 december specificerede bygninger - besætning og inventarium, hvilket alt bemeldte Peder Christensen og hans kone, om hun overlever ham og forbliver i enkestanden, skal nyde, bruge og beholde deres livstid paa følgende vilkaar!

1. Svarer fæsteren af stedet og dets hartkorn alle kongelige skatter og offentlige paabud og byrder af hvad navn nævnes kan, bankrenten alene undtagen, til rette og anordningsmæssige tider her paa gaarden, naar tilsagt vorder.

2. Svarer han i aarlig landgilde til hvert aars Iste november, ligeledes her paa gaarden - 8 rigsbankdaler rede sølv, saa længe han svarer aftægt til sin svigermoder, og efter den tid svarer han 9 rigsbankdaler 3 mark 9.3/4 skilling rede sølv.

3. Yder han sin svigermoder Elisabeth Christensdatter, under sit fæstes forbrydelse aftægt eller ophold, saaledes og paa den maade, som under 24 marts 1837 er aftalt, og hvor om opholdskontrakten af hos-bonden nærmere bliver at affatte og opbevare.

4. Holder fæsteren altid bygninger og besætning i den stand, hvori de nu er ham overlevet, hvorfor han til enhver tid er hosbonden ansvarlig paa den maade og under de betingelser, som forordningen af 9 marts 1838 forpligter, bygningerne holder han altid forsikrede i -"Landets almindelige Brandkasse" og svarer deraf den aarlige brand¬kontingent.

5. Gjøder, dyrker og driver fæsteren vedbørligen sine jorder og lader intet deraf bortkomme til anden ejendom, det være sig foder - høe, halm, gjødning, tørv, lyng eller deslige, uden hosbondens til-ladelse. Til sine jorders fornuftige og vedbørlige drift, skal han være forbunden til at modtage raad og vejledning af hosbonden, som dog ej maa sigte til noget, der overstige hans kræfter eller giver alt for fremmed og uvandte bearbeidningsmaader.

6. Det paalægges endelig ogsaa fæsteren ifølge loven og samme anordninger at vise hosbonden og dennes lovlige udsending, respekt, agtelse og høflighed. Ligesom det er fæsterens pligt at opfylde disse lovbud. Saa maa han ogsaa i alt hvad, som ikke udtrykkelige ved dette fæstebrev er nævnt og bestemt, retter sig efter kongelige love og anordninger.

Sluttelig tilføjes, at huset har uforandret samme hartkorn og tilliggende, som i forrige fæsters tid, har tillagt samme, og at Peder Christensen skal betale i indfæstning 30 rigsbankdaler rede sølv, som naar de er betalte, bliver paa dette fæstebrev at afskrive.

> *Dette til bekræftelse under min haand og segl.*
> *Nørre Vosborg den 30 december 1838.*
> *A.E.M.Tang.*

## Et lille uddrag af skøde og aftægtskontrakt i 1901

Jeg Lars Andersen sælger herved min gaard, "Tangsgaard" kaldet, til min søn Alfred Andersen, med sit tilliggende hartkorn - 1 tønde -1 skjæppe - 1.3/4 album, med bygninger, mur og naglefaste genstande, derunder kakkelovne og komfur, al udvendig besætning, inventar, indavling, gødning og brændsel, samt al indvendig bohave, alene undtaget, hvad jeg tager med mig i mit aftægtsværelse, paa disse betingelser!

Der overlades mig i vaaningshuset (stuehuset) et forsvarligt værelse med kakkelovn, og yder mig i øvrigt fuld forplejning med føde og klæder, varme, lys, pleje og forsvarlig opvartning, i sygdomstilfælde hentes læge og medicin. Mit værelse skal holdes rent og min seng redes og mine effekter vedligeholdes.

Dør min søn, eller afhændes ejendommen, er jeg berettet til at flytte, saa betales der mig af gaardens ejer fire uger efter, at jeg har tilkendegivet flytningen, at betale mig 1.000 kroner.

For saa vidt jeg bor paa gaarden ved min død, besørger gaardens ejer min hæderlige og anstændige begravelse, mod at beholde alle mine efterladenskaber.

Aftægten ansættes for fem aar til 1.000 kroner.

Købesummen var 8.000 kroner, deraf for fast ejendom 4.000 kroner, resten for avl, besætning, inventar og indbo.

*Tangsgaard i Bur 29. september 1901. Lars Andersen.    Alfred Andersen.*


## Lindtorpvej 19
## Nielsesgaard
## Matrikelsnr. 11.a - 2.1. - 12 b.- 10.b.

### Fæstebrev til Jens Thomsen i 1744

Kiendes jeg underskrefne og hermed vitterliggiør - at have stædet og fæst, som jeg hermed og fæster til ærlig - velagtede unge mand - Jens Thomsen én mig tilhørende gaard i Bur sogn - Hjerm herred belig-gende, hvilken skatter efter nye matricuel 3 tønder - 4 skjæpper - hartkorn. Samme gaard sin livstid maa nyde, bruge og beholde - tilligemed halve part af mølledammen indtil bakken. (Efter at mølleriet var blevet nedlagt, var opstemningen af vandet fjernet, saaledes at vandet frit gennem bækken kunne forsvinde ud i storaaen. Red.). Hans gamle fader skal have de 4 skæpper med hannem i fæste, og ellers skal nyde gaarden paa efterskrefne conditioner. Han skal svare deraf alle de kongelige conditioner, som nu ere eller herefter paabydes vorder.

Han yder mig til hver "Marty" 1 tønde rug - 1 tønde byg - 1 lispund smør og hoveri af gaarden at giøre som sædvanlig; men som de er kun de to folk og har den længste vej og bortliggende gaard, saa for hans armods skyld nødes jeg at give ham fri for "dags gafn". Jeg giver ham 10 slettedaler til en bæst og 3 tønder rug - 2 tønder sigte-bygmel i møllen og 2 tønder byg til sæd. Bygningerne haver han at -vedligeholde og jorden ej at forringe.

Ellers haver han sig efter "Hans kongelige Majestædst" allernaadigste lou og forordninger at rette.

*Dette til stadfæstelse under min haand og signatur. Nørre-Vosborg den 18. december 1744.*
*Salig Niels Leths efterladte.*
*Maren Linde.*

## Fæstebrev til Niels Jensen i 1773

Jeg Christen de Leth til Nørre-Vosborg "Hans Kongelige Majestæts" bestaltede Landsdommer i Nørre-Jylland, kiendes og herved vitterlig giør at have stæd og fæst til Niels Jensen - barnefødt her paa godset en mig tilhørende gaard udi Buur sogn beliggende, anslagen udi nye matricuel for 3 tønder-4 skjæpper hartkorn, som hans fader Jens Thomsen sidst paaboede og fradøde. Hvilket stæd fornæfnte Niels Jensen sin livstid maa nyde bruge og beholde med den ret og rettighed, som dertil og hans fader haft og tillagt haver - imod at han deraf svarer alle kongelige skatter og contributioner, som nu ere, eller herefter paahuden vorder til anbefalede tider. Saa forretter han ogsaa af stædet aarlig hoveri af en halv plov - ligesom hans medtjenere.

I landgilde svarer han aarlig - 1 tønde godt sæderug - 1 tønde byg og i rede penge 12 mark - samt 1 lispund godt sommersmør. Rugen leveres til "Mikkelsdag" - byggen og til "Martiny" - og smørret til Sct-Hansdag".

Og hans gamle stedmoder Mette Poulsdatte, der til hannem i dag - gmdwilligen har afstaaet gaarden, og de har saaledes aftalt, at hun forbliver, saa længe hun lever og efter hendes død en sømmerlig jordefærd.

Men dersom de ved tidens længde ej kunne forenes at være tilhobe, ae skilsmisse paastaaes, som dog ej bør ske uden tilstækkelig aarsag, hvilket uvildige mænd skal paakjænde. Hvis det sker, skal Niels Jensen give hende aarlig, saa længe hun lever - 1.1/2 tønde rug og 1.1/2 Gøede byg.

Skattelig i henseende stædets pligter og øfrige forhold - retter fæstende sig efter "Hans Majestæts" allernaadigste lou og forordninger.

>    Nørre-Vosborg den 10 oktober 1773.
>    Christen de Leth.

## Fæstebrev til Jens Nielsen i 1829

Andreas Evald Mienert Tang - ejer af Nørre-Vosborg og underliggende bøndergods7 gjør vitterlig at have stædt og fæstet, ligesom jeg ogsaa herved stæder og fæster til Jens Nielsen i Østerbur - den mig tilhørende gaard hans fader Niels Jensen sidst beboede - af hartkorn 3 tønder 4 skjæpper 2 fjerdingkar 1 album - med bygninger - besætning og inventarium, saaledes som samme i overensstemmelse med den forhæftede og tilforseglede "Syns og Taxationsforretning" er befundet, en paa livstid for ham og hans kone, om han er gift, og hun over lever ham og forbliver i enkestanden - paa følgende vilkaar:

1. Svarer han af gaarden og hartkornet alle kongelige skatter og byrder - samt offentlige afgifter af hvad navn nævnes kan, bankrenten alene undtagen - til rette og lovbestemte

tider, hvorfor bemærkes, at efterladenhed eller forsømmelse af denne fæsterens - strengeste pligt virker ueftergivelig fæsteforbrydelse.

2. I aarlig landgilde betaler han under samme forpligtelse af gaarden og dens tilliggende - hvert aars første november 4 rigsbankdaler redde sølv. I arbejdspenge hvert aars midsommer 10 rigsbankdaler, hvert aars første november 4 tønder rug.

3. De nævnte 10 rigsbankdaler betaler han under den forudsætning, at det af regeringen paa ansøgning derom, vorder bevilget og tilladt med at det aftjenes med aarligt arbejde "in natura" saaledes, at slaa, tørre og hjemkøre og gulve en af de 80 plovlodde, hvori hovedgaardens enge er inddelte - efter udvisning og omgang. Ligeledes efter udvisning og omgang at høste, tørre, rive, hjemkøre og i laden ordentlig hensætte en med korn besaaede plovs lod i marken, bestaaende af ca. 19.000 2 alen, at udkjøre og paa behørigt sted paa marken at udsprede 1/32 del af den paa hovedgaarden i marken og i folden - samt ved gaarden samlede og avlede gjøde.

4. AArligt at kjøre 2 rejser - hver med 4 tønder rug eller andre varer derefter i forhold paa fire mil. Hvorfor bestemmes, at det staar saavel fæsterer, som hosbonden frit for uden videre aftale eller bestemmelse at indgive en underdanigst ansøgning til det "Højkongelige Rentekammer" om tilladelse at maatte forrette eller modtage dette arbejde, og i tilfælde at dette bevilges, da træder akorten om ar-bejdet "in natura" i kraft den næstfølgende første maj - og bliver derefter en bestandig følge for begge parter, og de 10 rigsdaler -bortfalder da straks samme første maj. Hvis ikke arbejdet bliver at forrette "in natura" underkaster saavel jorddrotten som fæsteren sig i saa henseende ganske forordningen af 25 marti 1791 - dens lydende øm god orden og haandhævelse ved hoveriet.

Fæsteren er befriet fra at svare indfæstning, gaarden holdes saadan, det nu er ham overleveret og samme forbedre, hvorfor han til en lever tid er hosbonden ansvarlig.

Saa tilforpligtes fæsteren ogsaa at søge Skærum Mølle - i det mindste saa længe undertegnede selv varetager bestyrelsen af møllen, og endelig forpligter han sig til at holde gaardens bygninger forsikrede i "Landets almindelige Brandkasse" og deraf betaler den aarlige -randkontingent.

(Fæstebrevet slutter med de sædvanlige formaninger, som A.E.M. Tang krydrede sine lange fæstebreve med.Red.)

>Nørre-Vosborg den 12 oktober 1829.
>A.E.M. Tang

At jeg haver modtaget ligelydende originale fæstebrev, bekræfter med min underskrift i to vidners overværelse.

>Jens Nielsen

## Uddrag af skødet til Anders Jensen i 1893

Jeg undertegnede Sidsel Jacobsdatter, enke efter gaardmand Jacob Madsen Veje i Nielsesgaard i Bur sogn, der hensidder i uskiftet Boe, tilskøder og overdrager herved til min svigersøn gaardmand og sognefoged Anders Jensen af Kielsholm i Bur, den min afdøde mand med Skøde af 15. juni 1868 hjemlet arvefæstegaard - Nielsesgaard i Bur, skyldsat under matrikel nr. 11.a. for hartkorn 2 tønder 3 skæpper 3 fjerdingkar - gammel skat 41 kr.40 ører, tilligemed - ejendommens bygninger med mere. Denne handel er sket paa følgende betingelser!

a. Kjøberen indbetaler fremtidig den aarlige arvefæsteafgift 28 kr. 65 ører og recognition ved ejeskifte 57 kr. 30 ører - til ejeren af Nørre-Vosborg -kapitalværdi 773 kr. 75 ører.

b. Han udreder til mig for livstid ansvarlig aftægt, der i kapitalværdi sættes til 3.200 kr.

c. Kjøberen indbetaler i den første termin, som indtræder et halvt aar efter min død til min søn Jens Jacobsen, eller hvis han er død før mig (han opholdt sig dengang paa sindsygeanstalten i Viborg) til hans børn 800 kr. - og til Niels Christensen i Pøtgaards børn 800 kr;

d. Kjøberen betaler min løse gjæld, anslaaet til at være 1000 kr.

Den formeldte kjøbesum bliver altsaa 6.573 kr. 55 ører.

> Nielsesgaard i Bur den 30. januar 1893.
> Beskikket laugværge Anders Jensen Lærke.
> for sælgeren Sidsel Jacobsdatter.
> som køber Anders Jensen Kielsholm.
> Til vitterlighed
> Niels Jacobsen Mølgaard.     Jens Andersen.

Anders Kielsholm flyttede ikke selv til Nielsesgaard; men lod den drive ved en bestyrer, blandt andet en tid ved sin søn Jacob Kielsholm.

## Skøde Nielsesgaard til Marinus Pedersen Staunstrup i 1900

Underskrevne Anders Jensen, Kielsholm i Bur, skøder og overdrager til Marinus Pedersen Staunstrup af Flynder, den af mig ifølge skøde af 30te juni 1892, tinglyst 8 juli samme aar - tilhørende arvefæstegaard Nielsesgaard i Bur sogn, skyldsat under matrikel nr. 11.a. - for hartkorn 2 tønder - 3 skjæpper - 3 fjerdingkar - gammelskat 41 kr. 40 ører, tilligemed ejendommens bygninger med mur og sømfaste tilbehør, avl, afgrøder, gødning, besætning og avlsredskaber.

Og da køberen har berigtiget købesummen, ved at han fremtidig udreder den paa første prioritet hvilende aarlige arvefæsteafgift 28 kr. 65 ører og Recognition ved ejerskifte 57 kr. 30 ører - til ejeren af Nørre-Vosborg, hvilken afgifts kapital ansættes til 773 kr. 55 ører.

Og ved at overtage, tilsvaret og forrente uden ansvar for mig, den i ejendommen indestaaende priortetsgæld 7.500 kr. til Vest og Sønder-jysk Kreditforening og for øvrigt paa anden maade.

Saa skal fornævnte ejendom herefter tilhøre ham som hans fuldkomne og lovlige ejendom med de samme herligheder og rettigheder, samt andre byrder, hvormed den har tilhørt mig, og under mit fulde hjemmelsansvar efter loven.

Ejendommens værdi ansættes til 8.273 kroner.

*Bur den 1ste januar 1900.*
*Anders Jensen Kielsholm*
*Til vitterlighed.*
*Marinus Rørsgaard og Peder Kr. Bundgaard.*

Ifølge Landbrugsministeriets skrivelse af 10. november 1899 - har ejendommen efter afgivet jord til Statsbanen - hartkorn 2 tønder -3 skæpper, gammelskat 41 kr. 40 ører udgaar herefter"


## Møborgaavej 1
# Hounihus - (Skovlund)
## Matrikels nr. 20a.

### Fæstebrev til Niels Christensen i 1842

Der blev udstedt et foreløbig fæstebrev, der lyder saaledes!

Andreas Evald Meinert Tang - ejer af Nørre-Vosborg og underliggende Bøndergods, samt Landvæsenskommissair.

Tilstaar herved, at Niels Christensen af Buur, der er lovet-fæste paa Hounihus i Buur, mod:

1. at svare i aarlig landgilde 1 rigsdale - kourent.

2. at forrette aarlig 10 arbejdsdage saalænge Christen Naur lever og 16 dage efter hans død.

3. at give Christen Naur ophold, klæder og pleje, mod af sognet at modtage det ham tilstaaede bidrag.

4. at tillade Dorthea Kjeldsholm fremdeles beboelse af hendes til Hounihus bygte bygning, og hendes arvinger at bortflytte denne, mod at opbygge enden naar hun ved døden afgaar.

Har i dag betalt mig den aucordererde indfæstning med 8 rigsdaler kurant, for hvilke otte rigsdaler kurant herved kvitteres.

Nørre Vosborg den 17 juni 1842. A.E.M.Tang.

Ved folketællingen i 1845 nævnes i Hounihus!

## Fæstebrev til Niels Christensen i 1843

Andreas Evald Meinert Tang, ejer af Nørre Vosborg og underliggende Bøndergods, samt landvæsenscommissiar i Ringkjøbing Amt.

Gjør vitterlig: at have stædt og fæstet - til Niels Christensen, et her under godset beliggende huus "Hounihus" kaldet - der efter den gamle matricuel var umatriculeret; men efter den nye matricuel ansat i hartkorn: 1 fjerdingkar 1/2 album - beliggende i Buur sogn - Hjerm herred med samtlige sine tilliggende, saavel som med den i for-hæftede syns og taxations forretning af 6te juli dette aar specificerede bygning - hvilket alt bemeldte Niels Christensen og hans kone, om hun overlever ham og forbliver i enkestanden maa nyde - bruge og beholde udi fæste deres livstid paa følgende vilkaar. -

1. Svarer han og hustru af huset og dets hartkorn alle kongelige -skatter og offentlige paabud og byrder, af hvad navn nævnes kan, dog er bankrenten allene undtagen, til anordningsmæssige tider - her paa gaarden, naar tilsagt vorder.

2. Svarer han i aarlig landgilde til hvert aars iste november, ligeledes her paa gaarden - 1 rigsdale kurant eller 1 rigsbankdale 3 mark 9-3/5 skilling rede sølv. -

3. Forrettter han aarlig, naar tilsagt vorder, 16 hoveridage her til hovedgaarden eller lige vejs længde. Mod at forrette disse dage holder han sig reglementet for husmændenes hoveridages - udførelse af Nørre Vosborg gods efterrettelig, hvoraf en genpart dette fæstebrev er vedhæftet.

4. Dorthea Kielsholm beholder den samme ret, som hun hidindtil har haft til beboelse af og indgang til, det af hende selv til den østre ende af Hounihus tilbyggede lille huus, uden at hun derfor har nogen udgift at svare til fæsteren. Naar bemeldte Dorthea Kielsholm engang fraflytter huset eller ved døden afgaar, maa hendes efterladte nedbryde og borttage omhandlede lille huus, mod at gjøre dette med forsigtighed uden at beskadige Hounihuus, og igjen at lade den østre ende opmure med helbrændte mursten, og aabningen tillukkede i muur og fag. -

5. Holder fæsteren altid bygningen i den stand, hvori det nu er ham overleveret, hvorfor han til enhver tid er godsejeren ansvarlig, paa den maade og under de betingelser, som forordningen af 9 marts 1838-fastsætter. Bygningen holder han altid forsikret i Landets almindelige Brandkasse og betaler deraf den aarlige brandkontingent.

*(6. og 7. omhandler de sædvanlige pligter og formaninger og fæstebrevet slutter med at nævne at fæsteren har betalt - 8 rigsdaler i indfæstning).*

> *Dette til bekræftelse under min haand og segl.*
> *Nørre Vosborg den 13 august 1843.*
> *A.E.M. Tang.*

At jeg har modtaget et med nærværende reserval ligelydende original fæstebrev med den deri benævnte syns og taxationsforretning og hoverireglement vedhæftet, som jeg forpligter mig til at holde mig efterrettelig i alle dets ord og punkter.

> *Datum ut supra. Niels Christensen.*
> *Til vitterlighed.*
> *Jens Gravesen.*                    *Christen Nygaard.*

Læst for Hjerm Ginding herreders ret den 18 august 1843.

> *Protocol nr.19 folie 117-118.*
> *Gebyr 1 rigsdaler 9 mark i rede sølv.*
> *Schou.*

## Fæstebrev til Niels Nielsen Kielsholm i 1861

Andreas Evald Meinert Tang, ejer af Nørre Vosborg med underliggende Bøndergods, Kongelig Majestæts virkelige Etatsraad, R. af D. samt Landvæsenskommisiar i Ringkjøbing amt.

Gjør vitterlig, at da Dorthea Christensdatter, der har været lovet fæste paa Hounihus i Buur sogn, har begjæret nævnte fæsteløfte overdraget til sin søn Niels Nielsen Kielsholm, stæder og fæster jeg nu til bemeldte Niels Nielsen Kielsholm - det her under godset i Bur sogn Hjerm herred beliggende hus (Hounihus) kaldet under nyt matrikels nr. 20a af hartkorn 1 fjerdingkar 1/2 album, tilligemed den ham ved hoshæftede synsforretning overleverede bygning, som Niels Nielsen Kielsholm og hans hustru, hvis hun overlever ham og forbliver i enkestanden - skal nyde, bruge og beholde deres livstid, paa den maade, som loven bestemmer for livsfæstere og for øvrigt under følgende vilkaar!

1. Svarer han af huset, dets hartkorn og dets personer alle kongelige skatter, paabud og byrder - saavel til statskassen, som til kommunen, af hvad navn nævnes kan til rette anordningsmæssige tider, naar tilsagt vorder.

Skatterne her paa gaarden, uden nogen byrde for godsejeren, i lige maade de paa ejendommen hvilende tiender til rette vedkommende.

2. Svarer han i aarlig landgilde til hvert aars iste november, ligeledes her paa gaarden 2 rigsdaler rigsmønt.

3. I stedet for det forhen, af dette sted forrettede dags arbejde -16 stk. , der ifølge anordningerne ej længere maa præsteres - in natura, sv.2 mark pr. dag, slænge dette forbud vedbliver eller Talt fem rigsdaler og to mark rigsmønt.

4. Niels Nielsen Kielsholms moder beholder sit værelse, som hidtil i stedets bygning, og erholder der til, til opvartning og pleje i sygdoms og alderdomstilfælde.

(5. og 6. omhandler de sædvanlige paabud og formaninger og slutter med at nævne, at fæsteren har betalt - 16 rigsdaler rigsmønt i indfæstning).

> *Dette til bekræftelse under min haand og godsets segl, og fæsterens givne revers.*
> *Nørre Vosborg den 27. december 1861.*
> *A.E.M. Tang.*

## Møborgaavej 3
## Lille Ragborg
## Matrikelnr. 18a.

### Fæstebrev til Morten Knudsen i 1754

Kiendes jeg undersrefne Sophie Linde til Nørre Vosborg - at have stæd og fæst, som jeg og hermed stæder og fæster til Morten Knudsen et mit stæd i Buur sogn "Lille Ragborg" kaldet, som er anslagen i nye matricuel for 2 skjææpper 3 fjerdingkar 1 album. Hvilket stæd fornæfnte Morten Knudsen sin livstid - maa nyde, bruge og beholde-med ald den ret, som dertil ligger og af arilds tid lagt haver, imod at han deraf svarer alle kongelige skatter og contributioner, som nu ere, eller herefter paabydende varder.

Item yder mig til hver martini - her paa gaarden - kontant 2 rigsdaler 2 mark, samt giøre omgang som løbber ligesom de andre huusmænd.

I dette øfrige haver han sig at rette efter kongelig allernaadigste lov og forordninger.

> *Dette til bekræftelse under min haand og signete!*
> *Nørre-Vosborg den 25 may 1754.*
> *Salig H.Lethes efterladte.*
> *Sophie Linde.*

Ligelydende fæstebrev have jeg i to mænds nærværelse til mig i dag annammet paa behørig papir og lover at holde mig samme efterrettlig.

> *Morten Knudsen.*
> *Til vitterlighed.*          *Jens Jensen Agn.*          *Jens Knudsen*
> *Spind.*

### Fæstebrev til Jeppe Sørensen i 1766

Jeg Christen de Leth til Nørre-Vosborg "Deres Kongelige Maystæts" landsdommer i Nørrejylland - kiendes og hermed vitterliggiør at have stæd og fæst, som jeg herved stæder og fæster til Jeppe Sørensen Frøsig af Ulfborg sogn et mig tilhørende stæd i Buur sogn beliggende, Lille Ragborg kaldet, som er anslagen i nye matricuel for hartkorn 2 skjæpper 3 fjerdingkar 1 album. Hvilket stæd fornæfnte Jeppe Sørensen sin livstid maa nyde bruge og beholde, imod at han deraf svarer alle kongelige skatter og contributioner, som nu ere, eller herefter paabydende vorder. Item yder mig til hver martini her i gaar¬den udi landgilde 2 rigsdaler 4 mark samt 12 skilling, spindpenge - løbber og kalkslagen og andet pligtsarbejde herved gaarden, forretter han efter tour og omgang, ligesom de andre huusmænd - naar anbefalet vorder.

Og som hans svigermoder Inger Villadsdatter i dag have opladt strædet for ham og hendes datter, saa er aftalt og indgaaet, at hun hos dennem nyder ophold hendes livstid, og efter hendes død en sømmelig jordefærd, derimod saa fremt de ej (mod forhaabning) kan for fremtiden forenes at være til hobe, og skilsmisse giøres fornøden, da skal Jeppe Sørensen i sidste fald give hende af stædet 1 tønde rug og 1 tønde byg aarlig, saa længe hun lever.

Sluttelig i henseende til stædets drift og øfrige forhold- retter den fæstende sig efter "Hans Maystæts" lov og forordninger.

Nørre-Vosborg den 15 december 1766. Christen de Leth.

Ovenstaaende og ligelydende originale fæstebrev haver jeg rigtig paa behørig stemplet papir i dag anammet, og i alle maader lover at holde mig samme efterrettelig.

Nørre-Vosborg ut supra. Jeppe Sørensen Frøsig.

Til vitterlighed.

Niels Jensen.   Peder Hvolby.

## Fæstebrev til Jeppe Sørensen Frøesig i 1781

Jeg Christen Linde Friedenrich - til Pallisbjerg - Steenumgaard, Krogsdal og flere gaarde, Kiendes herved at som Jeppe Sørensen Frøesig, fæsteren paa et lidet boel i Buur sogn under min hovedgaard Nørre-Vosborg efter acordt af 12. september afvigte aar med Jeppe Hounisen af Pallisbjerg gods - imod aftægt, dette fæste at oplade - paa slige vilkaar, er det jeg hermed stæder og fæster til Jeppe Hounisen berørte boel Lille eller Øster Ragborg kaldet, som udi sidste landmaalings matricuel er ansat til hartkorn - 2 skjæpper - 3 fjerdingkar 1 al¬bum - med sit tilligende og af arilds tid tilhørt ejendom, bygning og besætning at antage og beholde i fæste og brug, saa længe han lever og deraf svarer mig værende og paakommende kongelige contributioner til bestemte tider, samt sædvanlige landgilde efter jordbogen, aarlig til martiny rede penge 2 rigsdaler 4 mark og 12 skilling, samt forretter arbejde og løbber som forhen ligemed andre boels og husmænd til Nørre-Vosborg.

Holder selv bygning og besætning, der antages i forsvarlig stand, ved hævd og lige og samme forbedre, jorden tilbørligen dyrker, intet af ejendommen til upligt bruger, forvilde eller fra boligen lader bortkomme; men som en fæstebonde efter "Hans Maystæts" allernaadigste lov og anordninger at rette og forholde.

> *Dette til bekræftelse under min haand og signete, samt fæsterens givne revers.*
> *Datum Sønder-Vosborg den 9 februar 1781.*
> *C.L.Fridenreich.*

Ligelydende gienpart fæstebrev har jeg undertegnede dags dato modtaget, hvilken jeg og herved reverfisere mig i alle dele at opfylde under mit fæstes fortabelse.

> *Datum Sønder-Vosborg ut supra.*
> *Jeppe Hounisen Ragborg.*

## Fæstebrev til Peder Pedersen i 1793

Peder Tang til Nørre-Vosborg - kiendes herved at som Jeppe Hounisen i Øster Ragborg i Buur sogn, efter indgangen aucort - med Peder Pedersen fra Lille Trasbjerg i Maabjerg sogn af dato 4de marti sidst, der af mig er ratifiseret - har afstaaet sit fæste paa stedet til berørte Peder Pedersen, som forskaffer Jeppe Hounisen et hus sat denne sommer paa heden øste for stedets ejendom paa et dertil udvisend sted, huset skal bestaa af 4 fag - 2 kure, samt giver Jeppe Hounisen til næste martini 4 skjæpper rug og 2 skjæpper byg - og ligesaa til martini 1794, med hvis videre ham ved bemeldte afstaaelses contrakt er reverfiseret. I saadan anledning og paa anførte vilkaar stæder og fæster jeg hermed berørte Peder Pedersen benævnte Øster Ragborgbo el her paa mit gods i Buur sogn, der udi nye landmaalings matricuel er ansat for hartkorn 2-3-1, hvilket han med sit tilliggende og til hørende ejendomme samt bygning, som det forefindes, skal nyde og beholde udi fæste og brug, saa længe han deraf svarer alle kongelige contributioner, som nu ere eller herefter vorder paabudt til anordnede tider, samt den sædvanlige landgilde - aarlig til martini, reede penge 2 rigsdaler 4 mark og 12 skilling. Item forretter pligts arbejde og løbber som forhen og efter omgang med andre boels og husmænd her til gaarden.

Desuden opfylde fæsteren aftægts aucorden med forrige fæster Jep¬pe Sørensen Frøsig af 12te september 1780 - samt i henseende stædets vedligeholdelse og ejendommens behandling, holder sig Hans Maystæts lov og anordninger efterrettelig, saaledes er stædet ham, uden nogen indfæstning forundt.

> *Dette bekræftes under min haand og segl, samt fæsterens givende revers.*
> *Nørre Vosborg den 30 marti 1793.*
> *Peder Tang.*

Ligelydende originale fæstebrev haver jeg undertegnede annammet, hvilken jeg herved til forbinder mig i alle maader at holde mig efterrettelig, bekræftes med min haands underskrift.

> Datum som formeldt.
> Peder Pedersen.

## Fæstebrev til Christen Christensen Ae i 1807

Niels Kjær Tang til Nørre Vosborg - kiendes og vitterliggiør - at have stædt og fæstet, ligesom jeg og hermed stæder og fæster til Christen Christensen AAe af Møborg sogn - et mig tilhørende huus Øster eller Lilleragborg kaldet - her under godset i Buur Sogn beliggende, som Peder Pedersen sidst beboede og fradøde, hvis enke Ane Bertelsdatter han har taget til ægte.

Hvilket huus der udi sidste landmaalings matricuel er ansat i hartkorn 2 skjæpper - 3 fjerdingkar i album; men ved sognets udskiftning af fællesskabet i 1805, formedels den til "Nørre-Vosborg" hovedgaard og ejerens brugsret afgivne heede med tillæg af hartkorn fra samtlige hartkorns brugere i Buur sogn, er efter landinspektørens lignings beregning nedsat til hartkorn 2-3-1/2, tilligemed ald det samme ved udskiftningen tildelte ejendommen, samt bygninger og inventarium. Bemeldte Christen Christensen AAe skal nyde og beholde udi fæste og brug sin livs tid - paa følgende conditioner!

1. At han af bemeldte huusets hartkorn svarer alle kongelige contri-butioner, som nu ere, eller herefter vorder paabudet til anordnede tider, samt de personelle skatter af sig og familie i huuset.

2. Betaler udid aarlig landgilde til hver St. Mortensdag i penge 4 rigsdaler og forretter aarlig her til Nørre-Vosborg - hovedgaard 7 dages arbeide, enten til hougen eller hvad andet forlanges naar tilsiges, samt giør løbber efter omgang ligemed de andre boels og huusmænd paa godset.

3. Huusets bygninger og inventarium - som modtages efter den derover holdte og under 7. november sidst afhjemlede syns og taxati-onsforretning, hvilken findes herved hæftet, holder han i anordnings - stand ved lige, desuden vedligeholder han ogsaa det lidet stykke vaaningshus, som Jeppe Frøsigs enke sammesteds er reserveret til huusværelse med fornøden tække, saa længe hun lever, hvor imod dette lidet bygning ved hendes død overlades fæsteren til sin raadighed.

4. De til huuset liggende ejendomme behandler fæsteren forsvarlig, og samme ej til upligt bruger eller bruge lader, mindre fra huset lader forvilde eller forkomme. Iøvrigt haver han sig efter "Hans Kongelige Maystæts" lou og anordninger at forholde.

> Dette til bekræftelse under min haand og segl, samt fæsterens givende revers.

*Nørre-Vosborg den 21 november 1807.*

*Niels Kjær Tang.*

At jeg haver modtaget ligelydende originale fæstebrev, som foranstaaende, med den deri anmeldte syns og taxations forretning vedhæftet samme. Det tilstaar jeg herved, samt lover og forbinder mig til at holde samme i alle maader efterrettelig; hvilket bekræftes under min haand og vitterlighedsmænds underskrift.

*Christen Christensen AAe.*

*Til vitterlighed underskriver.*

*Christen Stenum. Anders Andersen.*

## Møborgaavej 7
## Vester Ragborg eller Store Ragborg
### Matrikelnr. 16 a.

### Fæstebrev til Peder Nielsen i 1732

Hermed vitterlig giør, at have stæd og fæst, ligesom jeg hermed stæder og fæster til Peder Nielsen en min bolig "Ragborg" kaldet, anslaget for 5 skjæpper 3 fjerdingkar hartkorn, hvilket sted for nævnte Peder Nielsen sin livs tid, maa nyde bruge og beholde med efterskrefne conditioner! At han svarer alle kongelige skatter, som nu ere eller herefter paabydes vorder, yder mig til denne og hvert aars martiny tider stedets sædvanlige afgift 4 rigsdaler, hvorimod er han frihed for alle ægter og arbejde. Og ifald Peder Nielsen, ved døden bliver bortkaldet, haver hans efterladte ægtefælle Ædel Asersdatter, at forbliver ved stedet, naar hun aarlig holde sit fæstebrevs indhold, der ovenmeldt er, som han nu stedet antager uden indfæstning, ligesom hans formand før hannem giort haver. Han holder stedet vedlige, bygge og forbedre.

Saa maa han kaste sine egne klyner i Bur hede paa fælles jord, hvor det hannem kan være mest tjenlig, ifald han ikke vil holde sig dette sit fæstebrev, maa bemeldte Peder Nielsen flytte med ald sin boehave.

Retter sig ellers efter "Hans kongelige Mayestæts" allernaadigste lov og forordninger.

*Dette til bekræftelse under min haand og høiste signete. Nørre-Vosborg den 10ende marty 1732.*

*Salig Leths efterladte.*

*Maren Linde.*

### Fæstebrev til Christen Knudsen i 1762

Jeg Christen Leth til Nørre Vosborg "Kongelig Maystæts" Landsdommer i Nørre-Jylland, kiendes og hermed vitterlig giør at have stædt og fæst, som jeg hermed stæder og fæster til Kristen Knudsen et mig tilhørende sted i Bur sogn beliggende, "Store Ragborg" kaldet, anslagen udi nye matricuel for 5 skjæpper og 3 fjerdingkar hartkorn, som Peder

Nielsen sidst paaboede, o& samme i dag godvilliggen afstaaet haver, hvilket sted fornæfnte Kristen Knudsen sin livs tid skal nyde, bruge og beholde, med ald den ret dertil ligger, og af alders tid tillagt haver, imod at han deraf svarer alle kongelige skatter og contributioner, som nu ere, eller herefter paabydes vorder.

Samt til aarlig skyld og landgilde hvert aars martiny - betaler mig 4 rigsdaler 1 skilling, item forretter de sædvanlige løbber og kalk-slagen tillige med hans andre medtienere.

Sluttelig holder den fæstende sig "Hans Maystæts" - allernaadigste lov og forordninger efterrettelig.

> *Dette til bekræftelse under min haand og segl.*
> *Nørre-Vosborg den 12 juny 1762.*
> *Christen Leth.*

Ligelydende originale fæstebrev forevist og annammet, og forplig¬ter mig samme i alle maader at efterleve.

> *Kristen Knudsen.*

## Fæstebrev til Jeppe Poulsen i 1764

Jeg Christen de Leth, til Nørre-Vosborg "Hans Kongelige Maystæts" Landsdommer udi Nørrejylland, kiendes og hermed vitterlig giør - at have stæd og fæst, som jeg og hermed stæder og fæster til Jeppe Poulsen fra Giørding, et mig tilhørende Stæd i Bur sogn beliggende, anslagen udi i nye matricuel for 5 skjæpper - 3 fjerdingkar hartkorn, som Kristen Knudsen sidst paaboede og fradøde, hvilket Stæd fornæfnte Jeppe Poulsen sin livs tid maa nyde, bruge og beholde, imod deraf at svare udi rette tider alle kongelige skatter og contributioner, som nu ere eller herefter paabydes vorder; item yder mig til hvert aars martiny udi landgilde 5 rigsdaler og spind-penge 12 skilling, løbber og kalkslagen forretter han efter tur og omgang med de andre husmænd, naar anbefalet vorder.

Sluttelig i henseende til Stædets drift og hans øfrige forhold, haver han sig efter "Hans Maystæts" lov og forordninger at rette.

> *Dette til bekræftelse under min haand og signete.*
> *Nørre-Vosborg den 28 marty 1764.*
> *Christen de Leth.*

Ovenmeldte fæstebrev haver jeg i dag paa behørig stemplet papir til mig annammet, og lover at holde mig samme efterrettelig, jeg har alene selv underskrevet; men har ombedet - to danemænd sammen med mig til vitterlighed at underskrive.

> *Nørre-Vosborg ut supra.*
> *Jep Poulsen.*
> *Til vitterlighed underskriver efter begiering.*
> *Christen Jensen Poulsgaard. Jens Korsgaard.*

## Fæstebrev til Niels Christensen i 1791

Peder Tang til Nørre-Vosborg, kiendes og vitterlig giør at have stædet og fæstet, ligesom jeg og hermed stæder og fæster til Niels Christensen Ragborg af Buur, det mig tilhørende stæd Vester Ragborg kaldet - i ovenmeldte Buur sogn, anslagen udi nye matricuel for - 5 skjæpper 3 fjerdingkar, som hans moder Maren Rasmusdatter godvilligen for hannem har opladt og afstanden, imod hos ham at nyde fornøden ophold af føde og klæder paa stædet, saa længe hun lever, samt efter hendes død en sømmelig jordefærd uden byrder for de andre børn, som derimod ifølge hendes egen paategning paa hendes tilbageleverede fæstebrev under dags dato, hverken skal have arv eller giæld efter hende. -

Hvilken stæd med sit tilliggende og tilhørende ejendom, samt bygning og forefindende besætning af 3 køer - 1 under aarings kvie samt 10 faarhøvder, berørte Niels Christensen straks nu antager og beholder udi fæste og brug, saa længe han deraf udreder a'le kongelige contributioner, som nu ere, eller herefter vorder paabudet til forfalds tider. Samt betaler mig til hvert ars martsny udi landgilde som sædvanlig - 5 rigsdaler 12 skilling, item forretter løbber og pligts arbejde efter tur og omgang med de andre boels og huusmænd paa godset; holder stædet paa bygning, samt den antagne besætning af kreaturer ved hævd og lige,og paa det af bygningen efter betragtning destro bedre kund komme i stand, giver jeg ham dertil - 2 tylter -8 alen allunger.

Ejendommen tilbørligen dyrker og behandler og ej til upligt bruger, mindre lader det forvilde eller fra stædet bortkomme.

Øvrigt haver han sig som en fæster efter " Hans kongelige Mayestæts" lov og anordninger at forholde.

> *Dette til bekræftelse under min haand og segl, samt fæsterens givende revers.*
> *Datum Nørre-Vosborg den 14 maj 1791.*
> *Peder Tang.*

Ligelydende originale fæstebrev haver jeg rigtig modtaget, som jeg herved vedstaar mig i alle maader at holde mig dette efterrettelig, under dette mit fæstes forbrydelse.

> *Datum ut supra.*
> *Niels Christensen Ragborg.*

## Fæstebrev til Peder Jørgensen i 1830

Andreas Evald Mienert Tang, ejer af Nørre-Vosborg hovedgaard og underliggende bøndergods, gjør vitterlig, at have stædt og fæst, som jeg herved stæder og fæster til Peder Jørgensen Torup stædet Vester Ragborg i Bur sogn, hvis hartkorn ager og eng er 5 skjæpper 0 album, hvilket stæd med al sin tilliggende, saavel som den fæsteren overle-rede besætning og inventarium efter den herforhæftede "Syns og Taxationsforretning" udvisende, bemeldte Peder Jørgensen og hans kone, om hun overlever ham og forbliver i enkestanden, maa bruge og beholde i fæste og brug - begge deres livstid paa følgende conditioner!

1. Svarer han af stedet og dets hartkorn - alle kongelide skatter og offentlige afgifter, af hvad navn nævnes kan - bankrenten allene undtagen - til rette og lovbefalede tider.

2. I aarlig landgilde betaler han til hvert aars Iste november - 5 rigsdaler 12 skilling.

3. Forretter han aarlig 20 - skriver tyve arbejdsdage til Nørre-Vosborg, hvoraf de 10 bør gøres i høstiden - og de øvrige til hvilken tid der forlanges, og at fæsteren møder til det arbejde, hvortil han er tilsagt. Fra Paaske til Mikkelsdag kl. 5 morgen - og fra Mikkelsdag til Paaske kl. 7, eller naar det er dag. I førstkommende tilfælde arbejder han 12 timer daglig - og i sidstnævnte tilfælde - 10 timer, naar dagslængden det tillader, hvis ikke - da fra det er lyst til det bliver mørkt - 1 time paaregnes til spisetid.

Fra denne bestemmelse sker dog en undtagelse, naar fæsteren arbejder i forening med jordrottens egne folk, i hvilke tilfælde han følger dem. Længere henne i det meget lange fæstebrev, staar der!

De i stedet værende gamle folk Niels Christensen og hustru forsørger fæsteren med føde - klæder - pleje og opvartning - saa længe de lever, og efter døden bekoster og besørger han dem hæderlig begravelse. Fæstebrevet slutter med de sædvanlige formaninger, der i disse fæstebreve, udstedt af Tang, var meget detaljerede.

> *Fæstebrevet slutter med underskrivelse paa Nørre Vosborg*
> *12 december 1829.*
> *A.E.M. Tang.*

At jeg har modtaget ligelydende originale fæstebrev, ved staar jeg herved, og lover at holde mig samme i alle maader efterrettelig.

> *Datum ut supra.*
> *Peder Jørgensen Torup.*
> *Læst for Hjerm Ginding Heredsret 11 juni 1830.*
> *Fugl.*
> *I By og Herredsskriver Skous fraværelse.*
> *C.Nielsen.*

## Fæstebrev til Villum Christensen Pøtgaard i 1861

Andreas Evald Mienert Tang, ejer af Nørre-Vosborg med underliggen - de bøndergods - "Kongelig Majestæts" virkelig Etatsraad - R. af D., Landvæsenscommissiær i Ringkøbing Amt, gjør vitterlig - at da Else Nielsdatter, enke efter hidtilværende fæster af Store Ragborg Peder Jørgensen Torup, har begjæret sin fæsteret paa dette sted overdraget til sin svigersøn Villum Christensen Pøtgaard, stæder og fæster jeg herved til bemeldte

Villum Christensen Pøtgaard det her under godset i Buur sogn, Hjerm herred beliggende sted "Store Ragborg" kaldet, - under nyt matrikes nr. 16a i ovennævnte sogn af hartkorn - 1 tønde 1 skjæppe - 3 fjerdingkar - gammelskat 2 rigsdaler 2 mark og 9 skilling, tilligemed den ham ved forhæftede synsforretning overleverede bygninger - besætning og inventarium, som Villum Christensen Pøtgaard og hans hustru, hvis hun overlever ham og forbliver i enkestanden, skal nyde, bruge og beholde deres livstid paa den maade, som loven bestemmer for livsfæstere og for øvrigt under følgende vilkaar!

1.Svarer han af stedet, dets hartkorn og personer, alle kongelige skatter, paabud og byrder, saavel til statskassen som til kommunen, af hvad navn nævnes kan til rette og anordningsmæssige tider, naar tilsagt vorde, skatterne her paa gaarden uden nogen byrde for godsejeren. I lige maade de paa ejendommen hvilende tiende til rette vedkommende.

2. Svarer han i landgilde til hvert aars iste november, ligeledes her paa gaarden tolv rigsdaler rigsmønt, saa længe enken Else Nielsdat - ter nyder ophold og aftægt, og naar hun ved døden afgaar 16 rigsdaler rigsmønt.

3. Giver han Else Nielsdatter ophold og kjærlig pleje med føde og klæder etc., saa længe hun lever. Skulle der haves bemyndig klage, at enken ikke nyder tilstrækkelig eller god føde, eller mangler hun kær - lig pleje og opvartning, da skal hun være berettiget til en aftægt, saaledes som aftægtskontrakten af dags dato bestemmer, og forpligter godsejeren sig til at skaffe hende aftægt, naar fornødent gjøres saaledes, som ved contrakten er fastsat. Hvorvidt den aftrædende fæsterske er berettiget til at fordre aftægten, afgjøres ved fire voldgiftsmænd, hvoriblandt sognepræsten og godsejern skal være de to, og hver af parterne tilkalde en.

4. Holder fæsteren altid bygningerne og besætningen i samme stand, hvori det er ham overleveret ifølge vedhæftet overleveringsforretning af iste oktober dette aar, paa den maade og under de betingelser, som for de af Sende marts 1838 fastsatte.

Bygningerne holder han altid forsikrede til dens virkelige værdi i Landets almindelige Brandkasse og betaler deraf den aarlige brandkontingent.

5. Stedet dyrker, driver og gjøder fæsteren vedbørlig og lader intet derfra bortkomme af foder, gjødning etc. til anden ejendom, uden godsejerens skriftlige tilladelse.

Sluttelig tilføjes at stedet har samme hartkorn og tilliggende, som i forrige fæsters tid - og at fæsteren svarer i indfæstning 100 rigsdaler rigsmømt, hvoraf halvdelen betales til lite juni - og den anden halvdel til lite december termin 1861, og kvittering derfor paategnes fæstebrevet.

*Dette til bekræftelse under min haand og godsets segl, samt fæsterens*
*givne revers.*
*Nørre-Vosborg den 26 maj 1861.*
*A.E.M.Tang.*

At jeg har modtaget et med dette revers et ligelyden original fæsstebrev, med den deri værende syns og overleverings-forretning vedhæftet tilstaas herved, idet jeg forpligter mig til at holde samme efterrettelig i alle dets ord og punkter.

*Villum Christensen Pøtgaard. med ført pen.*
*Til vitterlighed.*
*Christen Andersen.*          *Lorentsen.*

### Fæstebrev til Kjerstine Christensdatter i 1874

Under forudsætning af at Nørre-Vosborg gods dertil giver sit samtykke, bortfæster jeg herved et stykke jord - tilhørende gaarden Store Ragborg matrikels nr. 16a., beliggende mellem jernbanen og landevejen fra Holstebro og mod vest støder op til gaarden Prangsgaards jorder, mod øst grænser det til vejen, der kommer fra Petersgaard og fører over banen, til Kjerstine Christensdatter paa livstid, med samme friheder til afbenyttelse, jeg selv som fæster er i besiddelse af det, mod at det hus hun paa samme har opført, efter hendes død tilhører mig for livstid - til fri og uhindret afbenyttelse, og efter hvilken tid det tilhører mine da efterlevende børn med min afdøde kone Ane Pedersdatter, samt med en aarlig afgift af 4 kroner, at betale til hvert aars iste november. Jeg forbeholder mig ret til at bruge al den sand jeg vil, af den i dette stykke jord beliggende sandgrav dog maa ieg ingensinde komme huset saa nær ved at tage sand, at der kan være fare for at løsne grunden, hvorpaa huset staar.

*Store Ragborg i Bur den 16 november 1874.*
*Villum Christensen.*
*Til vitterlighed.*
*Anders Kielsholm.*          *Niels Pøtgaard.*


### Tangsgaardvej 8.
### Pøtgaard
### Matrikelnr. 12 a.

### Fæstebrev til Niels Nielsen i 1752

Kiendes jeg underskrefne Henrik Leth til Nørre-Vosborg - at have sted og fæst, som jeg hermed stæder og fæster til Niels Nielsen, hans salig faders i fæste hafte gaard "Pøtgaard" kaldet i Buur sogn, samt i nye matricuel er ansat til 3 tønder 5 skjæpper 1 album hartkorn, hvilke fornæfnte Niels Nielsen med ald sin rette tilliggende gramd og ejendom, maa nyde bruge og beholde sin livstid, imod at han deraf svarer alle kongelige contributioner, som nu ere eller herefter paabydes vorder.Han yder mig i aarlig skyld og landgilde 2 tønder søde rug - 2 lispund smør og én rigsdale i penge, og ellers giøre ir igen hoveri her til Nørre-Vosborg af en halv plov tilligemed de andre hans medtienere.

Til hans lades forflyttelse og reparation, lover jeg at give ham et les tag - en tylt 12 alen - en tylt 10 alen og toe tylter store lægter, til at besørge samme lade opført.

I det øfrige haver han at rette sig efter vores aller naadigste lov og forordninger.
>
> *Dette til bekræftelse under min haand og signete.*
> *Nørrevosborg den 8. oktober 1752.*
> *Henrik Leth.*

## Fæstebrev til Niels Nielsen Pøtgaard i 1792

Peder Tang til Nørre-Vosborg kiendes og herved vitterligt giør at have stædet og fæstet, ligesom jeg og hermed stæder og fæster til Niels Nielsen Pøtgaard, den gaard "Pøtgaard" kaldet i Bur sogn, som hans fader Niels Nielsen sidst beboede og fradøde, og enken hans moder .Else Nielsdatter efter afstaaelses paategning paa bemeldte hendes salig mands fæstebrev under 12. september sidst - godvilligt til ham har opladt og afstanden - at nyde fæste paa, imod at han giver hende fornøden og tilbørlig ophold og klæde og føde, samt pleje under sygdom i gaarden hendes levetid og sømmelig jordefærd efter hendes død.

Hvilken gaard, der udi nye landmaalings matricuel er anslaget for hartkorn 3 tønder 5 skjæpper 1 album med tilliggende og med rette tilhørende ejendom, tilligemed sammes bygninger, besætning, inventarium og gaardsredskaber, efter vedhæftede "Syns og Taxationsforretning", berørte Niels Nielsen saaledes nyde og beholde, udi fæste og brug, saa længe han deraf til forfaldstider udreder alle kongelige contributioner, som nu ere eller herefter vorder paabudt, samt den aucorderede og moderate landgilde, aarlig i til "Martini" rede penge 8 rigsdaler, samt forrette den sædvanlige hoveri af 1/2 plov eller 3 bæster (heste) udi alt pligtigt arbejde her til gaarden, efter anordningens reglement.

Holder gaardens bygninger, besætning og inventarium i anordningsmæssig stand; ejendommen tilbørlig dyrker og behandler, og ikke til nogen upligt bruge eller lade bruge, ikke heller lade det forvilde eller paa nogen maade fra stedet forekomme. Iøvrigt haver han sig efter "Hans kongelig Majestæts" lov anordninger at forholde, saaledes som det, en fæstehoveribonde vel egner at efterleve, da stædet saaledes er ham uden nogen indfæstning forundt.
>
> *Til bekræftelse under min haand og segl, samt fæsterens givende revers.*
> *Datum Nørre-Vosborg den 28 april 1792.*
> *Peder Tang.*

Ligelydende originale fæstebrev med indmeldte "Syns og Taxationsforretning" af retten udstedt den 20. april sidst - vedhæftet, haver jeg undertegnede rigtig modtaget, og forpligter mig herved at holde mig samme i alle maader efterrettelig, samt være ansvarlig - for den mig med gaarden - efter bemeldte "Taxationsforretning" overleverede besætning og inventarium med videre.

*Bekræftes med min haands underskrift.*
*Datum Nørre-Vosborg den 28. april 1792.*
*Niels Nielsen Pøtgaard.*

## Fæstebrev til Christen Nielsen i 1833

Det meget lange fæstebrev lyder saaledes i uddrag, hvor der staar - (Red.)

Andreas Evald Mienert Tang, ejer af Nørre-Vosborg og underliggende bøndergods, gjør vitterlig at have stædet og fæstet, ligesom jeg hermed stæder og fæster til Christen Nielsen i Østerbuur, min ejendom "Pøtgaard" i Buur sogn, hvis hartkorn ager og eng er 3 tønder 4 skjæpper 2 fjerdingkar 1.8/10 album, med bygninger, besætning og inventarium i overensstemmelse med den herforhæftede og tilforseglede "Syns og Taxationsforretning"; hvilke ejendomme - med alle disses lovlige tilliggende bemeldte Christen Nielsen og hans hustru, om hun overlever ham og forbliver i enkestand, maa nyde bruge og beholde i fæste og besiddelse deres livstid paa følgende vilkaar!

1. Svarer fæsteren af gaarden og hartkornet alle kongelige skatter, bankrenten, offentlige afgifter og tyngder, som nu ere eller herefter paabuden vorder - til rette og anordnede tider, hvorfor bemærkes, at efterladelse eller forsømmelse af denne fæsterens - strengeste pligt virker ueftergivelig fæsteforbrydelse.

2. Betaler han i arbejdspenge hvert midsommer 10 rigsdaler rede sølv, hvilke arbejdspenge under den forudsætning at det af regeringen paa ansøgningen - vorde bevilget og tilladt - kan aftjenes med aarlig arbejde in natura saaledes!

a. Efter omgang og udvisning at slaa, tørre, hjemkøre og gulve een af de 80 plovstodder, hvori hovedgaardens 5 enge ere afdelte, og af landindspektøren afmaalte.

b. Ligeledes efter omgang og udvisning at høste, rive, tørre og hjemkøre og i laden ordentlig hensætte en med korn besaaet plovslod i marken bestaaende af ca. 19.000 alene.

c. At udkjøre og paa behørig sted i marken udsprede 1/22 - deel af den paa hovedgaardens marker i folden og ved gaarden avlede gjøde.

d. AArlig at kjøre 2 rejser - hver paa 4 mil med 4 tønder rug eller anden varer i forhold - hver hos fastsættes! at det staar saavel fæsteren som horbonden frit for, uden videre aftale eller overenskomst at indgive slig en allerunderdannigst ansøgning til det højkongelige rentekammer om tilladelse til at maatte forrette - eller modtage forannævnte arbejde, da det i tilfælde ansøgningen bliver bevilget. Acorten om arbejdet in natura fra næst paafølgende 4de maj træder i kraft for bestandigt, uden nogen opsigelse eller forandring fra nogen af siderne for eftertiden gjøres deri, hvorimod betalingen af de 10 rigsbankdaler arbejdspenge til næstfølgende midsommer og derefter bortfalder, hvis arbejdet bliver at forrette underkaster jorddrotten og fæsteren sig ganske i saa henseende forordningen - af 25. marts 1791 - dens lydende om god ordens haandhævelse ved hoveriet.

3. Betaler han i aarlig landgilde paa Nørre-Vosborg hvert aars første november 24 rigsdaler rede sølv.

4. Fæsteren forpligtes til at give sin moder Zidsel Klemmensdatdet, som er i gaarden, tilstrækkelig underholdning - forsørgelse og pleje sin hele levetid, uden at hun i nogen maade skal kunne forekomme med begrundet klage desangaaende.

(Red. V.V. -- Fæstebrevet forsætte med at minde om, at fæsteren har pligt til at holde gaardens bygninger i den stand, som de er ham overleveret, ligesom det er hans pligt at holde bygningerne forsikrede i landets "Almindelige Brandkasse", besætning og inventarium var han ogsaa ansvarlig for ikke forringes, jorden skal dyrkes under vejledning af godsejeren, paa den maade han maatte anse for hensigtsmæssig, til hans gaards drift, det matte dog ingenlunde overstige fæsterens kræfter -eller gribe ind i alt for fremmed og ubevandt bearbejselsmaade.

Der mindes ogsaa om den respekt, agt og høflighed, som en fæster i følge loven er sin hosbonde, dennes forvalter og hvem anden, hosbondens udsendte skyldig, er det hans pligt at udvise dem, ligesom han og lig enhver anden statens borger er pligtig at opfylde og rette sig efter.

Sluttelig tilføjes, at den herved bortfæstede gaard har samme hartkorn og tilliggende, som i den forrige besidders tid har tillagt og tilhørt den, ligeledes at fæsteren er fritagen for at svare indfæstning -- Red. V.V.)

> *Dette til bekræftelse under mit navn og segl, samt fæsterens givne revers.*
> *Nørre-Vosborg 27. august 1833. A.E.M. Tang.*
> *Tinglyst 13. september 1833 - Nellemann.*

## Kontrakt mellem Stine Villumsdatter af Pøtgaard og hendes ældste, endnu umyndige søn, Niels Christensen

(Paa grund af Niels Christensens unge alder, var det ikke muligt for moderen, at overlade ham fæstet paa gaarden paa daværende tidspunkt).

Andreas Evald Mienert Tang, ejer af Nørre-Vosborg med underliggende Bøndergods - Kongelig Maistæts Justitsraad, samt Landvæsens commisair i Ringkøbing Amt.

Tilstaar herved - at have approberet én imellem Stine Villumsdatter af Pøtgaard i Bur - her under godset og hendes ældste søn Niels Christensen indgaaet contract, omhandlende contract indføres her ved ordlyden, idet den bekræftes med vedkommende parters underskrift saaledes som følger!

Jeg undertegnede Stine Villumsdatter, besidder af Pøtgaard i Buur sogn under Nørre-Vosborg gods, erklærer herved, ligesom jeg forpligter mig til at overlade min ældste søn Niels min fæsteret til gaarden Pøtgaard, saa snart han opnaar den alder, hvori han ifølge lovgivningen uden at forbryde sin fritagelse for den almindelige værnepligt - som gaardbrugende enkes søn - kan modtage fæste. og naar han kan affinde sig med nærværende godsejer, eller afbenytte det - som imod dette fæsteløfte, for saa vidt en anden godsejer, maatte tiltræde det - paa følgende vilkaar!

1. Overlader jeg min søn den mig tilhørende besætning, saavel inde som ude, saaledes som samme befindes i gaarden Pøtgaard, og for saa vidt den tilhører godsejeren, og saaledes som samme omtrentlig for øjeblikket befinder sig.

Til yderlige forklaring kan tilføjes, at jeg for tiden er i besiddelse af 5 køer - 2 kvier - 3 unghøvder - 16 moderfaar og 2 heste samt 3 svin - to vogne - én harve - én plov, og andre til en gaards drift fornøden avlsredskaber. Af indbo fremhæves formenlig 4 senge i kakkelovn af jern - 1 kobberkjedel og andre kjøkkenredskaber, alt ovenstaaende er af god beskaffenhed.

Det bemærkes, at jeg forbeholder mig af indboet mit ubetydelige sølvtøj, for derover at desponere efter eget tykke.

 2. For saa vidt ovenstaaende besætning og inventarium ej paa anden maade er mig godtgjort, forpligter min søn Niels sig til at udrede til sine søskende!

a. Til broderen Villum 10 rigsdaler courant eller 10 rigsdaler 1 sølv - og en af god materiale velgjort Schatol med maling og beslag saaledes som samme er brugelig i bondestanden.

Endvidere maa han være samme frie broder behjælpelig, saafremt han bliver udskreven til soldat med klæder anskaffelse til hans ekvipering med fødevarer til rejsen etc., saaledes som en gaardmands søn almindelig udrustes fra fædrenegaarden, naar han drager i "kongens tjeneste".

b. Til søsteren Sidsel Marie udreder han en velopredt seng og en god ny dragkiste med maling med mere, samt et anstændigt bryllup, hvis hun indlader sig i ægtestanden. Med hensyn til brylluppet skal det være efter egnens skik og brug, ikke overflødig; men ordentlig og anstændigt, saaledes at de nærmeste slagtninger dertil inverteres.

I lige maade bestemmes, at hvis der skulle opstaa tvist om brylluppets beskaffenhed, skal dette, naar en af parterne forlanger det, kunne indfries med 15 rigsdaler sølv.

c. Til søsteren Else udreder han ligeledes, som ovenmeldt en seng, etc. dragkiste og et bryllup af samme beskaffenhed i alle maader, og under samme betingelse, som til den ældre søster.

3. Betinger jeg mig følgende aftægt, saaledes jeg efter eget godt befindende kan forlange den udredet, saafremt jeg ikke vil vedblive, hvilket for øjeblikket er min hensigt, at søge disk og dug med besidderen af gaarden. Under alle omstændigheder - forpligtes min søn Niels til at tilbygge mig til vaaningshuset (stuehuset) i Pøtgaard et kammer paa i det mindste 2 fag med særskilt udgang, jernbilægger -kakkelovn, sengested, vinduer tæt og velindrettet i det hele. Dette værelse har jeg til min frie raadighed, saavel for mig selv - som mine børn, hvad enten jeg modtager aftægt - eller søger dug og disk med gaardens besiddere.

Saa længe det behager mig, søger jeg - som meldt besidderens bord - og nyder da den samme ret i alle henseende som de, dog med undtagelse af sygdom og alderdoms-tilfælde, da maden skal tilleveres mig, saaledes som samme er skikket for svage og syge folk, tilbringes mig i mit kammer.

Saa længe jeg ej nyder aftægt forsynes og vedligeholdes mine klæder mig saaledes, at samme altid kan være anstændige, rene og varme.

Skulle jeg derimod finde mig befriet til at forlange min aftægt, skal samme bestaa i følgende dele aarlig!

2 tønder rug - 1 tønde byg og et faar med yngel til "Michali", der indsættes et nyt, hvis det skulle bortdød, et lispund fækjød - otte pund faarekjød og tolv pund flæsk - 1.1/2 lispund smør - 2 snese æg, 1 fjerdingkar salt, 4 skjæpper kartofler, 2 snese hvillinger, 4 torsk og 4 pund Limfjordsaal - 6 pund hør - 2 pund tælle og 2 potter tran - 1/2 pund humle - 2 rigsdaler i rede penge, ildebrændsel efter fornødenhed, høns og kjøkkenurter ogsaa efter fornødenhed, for saa vidt det forefindes i gaarden.

Ovenstaaende gjenstande leveres aarlig - kvartalsvis, desuden leveres daglig i de fire sommermaaneder 1.1/2 potte mælk, og i de øvrige otte maaneder 1 potte mælk daglig, huus lejlighed - saaledes som ovenfor betinget, og naar jeg træder paa min aftægt - fornøden huusgeraad, og seng etc. samt adgang til kjøkken, brygers og brønd.

Mit korn forskaffes mig malet hen og hjemkørt fra møllen, ligesom den fornødne befordring forskaffes mig til kirke, læge og præst i sygdoms og alderdomstilfælde - og i samme tilfælde fornøden og kjærlig pleje.

At ovenstaaende overdragelse af mig Stine Villumsdatter med laugsværge Jeppe Nygaard, er sket og af medundertegnede hosbonde approberet, saa vel som at jeg Niels Christensen Pøtgaard forpligter mig til at modtage ovennævnte gjenstande paa ovenstaaende fastsatte vilkaar og i sin tid at give min moder ovennævnte aftægt, hvis den af hende forlanges, bekræftes herved med samtlige vore underskrifter i vidners overværelse.

    *Nørre-Vosborg den 13. oktober 1847.*

    *A.E.M.Tang.*

    *Stine Villumsdatter (med ført pen) Jep Nygaard - Niels Christensen.*

    *Til vitterlighed. Jacob Madsen. Strandbygaard.*

Som nævnt kunne Niels Christensen ikke straks overtage fæstet paa grund af sin unge alder det skete først i 1856

## Fæstebrev til Niels Christensen i 1856

Andreas Evald Meinert Tang, ejer af Nørre-Vosborg med underliggende Bøndergods, Kongelige Majestæts virkelige Etatsraad, samt Landvæsenskommissær i Rinkjøbing Amt.

Gjør vitterlig, at da forhenværende fæsterske og besidderinde af Pøtgaard i Buur sogn - her under godset, har begjæret sit fæste - paa bemeldte gaard overdraget til hendes ældste søn Niels, saa stæder og fæster jeg herved til Niels Christensen - gaarden "Pøtgaard" kaldet Buur sogn, Hjerm Herred her under Nørre-Vosborg gods, hvis hartkorn var af gl. matricuel 3-4-2-1.1/4 - nye matricuel 3-3-0-1.1/2 - med alt dette hartkorn og ejendomme lovligt tilliggende af markjord, eng mose og hede, og den i gaarden tilhørende besætning og inventarium, alt med henhold til den derhos hæftede syns og Taxationsforretning af 12. november forrige aar. Saa skal bemeldte ejendom tilhøre og følge Niels Christensen og hans hustru, hvis hun overlever ham og forbliver i enkestande i fæste og begge deres livstid, eller saa længe de efterkommer indestaaende betingelser.

1. Svarer fæsteren af gaarden og dens hartkorn alle kongelige skatter og offentlige afgifter, paabud og byrder, af hvad navn nævnes kan, saavel de der svares af hartkornet, som det der svares af personer, til rette og anordningsmæssige tider naar tilsagt vorder, skatterne her paa gaarden. Det bemærkes, at saavel bankrenten som bankhæftelsen og sammes astinret, er dette fæste uvedkommende.

2. Svarer han aarlig i landgilde til hvert aars første november ligeledes her paa gaarden 28 rigsbankdaler rigsmønt, og forretter derhos, ligesom hans formand, 2 rejser aarlig -

paa 4 mil - med 4 tønder rug eller anden varer derefter i forhold, naar tilsagt vorder her paa hovedgaarden.

(uddrag v/red: Fæstebrevet fortsætter med at minde om aftægtskontrakten til moderen og ydelserne til sine søskende, som er omtalt i den oprettede kontrakt, ligesom han bliver gjort bekendt med, at gaardens bygninger, besætning og inventarium i den stand, hvori de er modtaget.

Bygningerne skal holdes forsikrede i "Landets almindelige Brandkasse", som fæsteren selv skal betale, og fæstebrevet slutter med de sædvanlige formaninger, om dyrkning af jorden, og - saasom høe, halm, gjødning, tørv eller deslige, uden godsejerens skriftlige tilladelse, der mindes ogsaa om, at der skulle udvises høflighed, agtelse og respekt til godsejeren og dennes udsendinger, som er nævnt i de fleste fæstebreve).
I indfæstning har Niels Christensen betalt mig 120 rigsdaler rigsmønt, hvorfor min kvittering hermed meddeles.

> Dette til bekræftelse under min haand og godsets segl.
> Nørre-Vosborg den 30. september 1856.
> A.E.M. Tang.

At jeg har modtaget et med nærværende reserval ligelydende originalt fæstebrev med den heri paaberaabte syns og overleverings forretning tilforseglet tilstaar jeg, idet jeg forpligter mig til at holde mig samme efterrettelig i alle dets ord og punkter.

> Niels Christensen Pøtgaard.
> Til Vitterlighed.
> J.V.Slein.      Knud Høgsberg.

At nærværende dokument er en rigtig original af det Niels Christensen paa gaarden Pøtgaard meddelte fæste, attesteres herved.

> By og Herredsskriver Kontoret i Holstebro.
> Den 16. november 1856.
> Nellemann.

## Tangsgaardvej 10
## Kjærsgaard
## Matrikelnr. 10.a.

### Fæstebrev til Christian Christensen i 1734

Det næste skriftligt der findes i landsarkivet om gaarden - er et fæstebrev udstedt i 1734, der lyder saaledes:

Maren Linde - H. Lethes til Nørre-Vosborg - kiendes og hermed vitterliggiør, at have stæd og fæst, som jeg hermed stæder og fæster til den velagtede unge karl Christen Christensen én min gaard i Buur beliggende, som skatter efter nye matricuel 3 tønder 5 skjæpper og 1 album, hvilken han fri for ægt og arbeide samt ald anden hoveri maa nyde bruge og besidde sin livstid - paa efterskrefne conditioner! at han svarer deraf alle kongelige skatter og contributioner, som nu ere paalagte eller varder, samt yder mig til afgift hver Martiny-tid 8 rigsdaler! hvorimod jeg svarer selv den førstkommende april kvartal for hannem, og paa det han efter sit løfte gaarden - desbedre kan vedligeholde og forbedre, da eftergives hannem den stipulerede afgift i dette aar, saa at han første gang uden henstand erlægger bemeldte otte rigsdaler martiny 1735 - derefter siden saaledes aarligen med afgiften contionerer. Desuden giver og skiænker jeg hannem med stædet toe tønder rugmark, ligesom han ogsaa i besætningen annammer toe bæster - én jordvogn med ald tilbehør - toe qvier - toe kiør - samt harve - ploug og en gammel vogn og straks tiltræder stædet, og ej forholder sig noget af gaardens forbirring; men heller tilstræber at holde den i forsvarlig stand, saasom han betjener og benytter sig af ald det, som dertil med rette ligger og ligget haver.

Til bekræftelse haver jeg dette fæstebrev egenhændig underskrevet og forseglet.

*Nørrevosborg anno 1734 den 15 martiny.*

*Henrik Lethes efterladte enke.*

*Maren Linde.*

## Fæstebrev til Daniel Christensen i 1787

Jeg Peder Tang til Nørre-Vosborg etc. - kiendes herved, at som afgangne Christen Møller i Buur sogn - hans enke her af godset formedels alderdom og skrøbelighed har opgivet og afstaaet sin salige -mands fæste, med begiering samme maatte overdrages hjemmeværende søn Daniel Christensen, imod at hun hos ham nyder fornøden ophold, husværelse, varme og tilsyn, saalænge hun lever. Og dersom hun derpaa -fra sønnens side skulle gives aarsag til klage, forskaffer han hende et kammer i gaarden, og da give hende 1 tønde rug og 1 tønde byg aarlig, samt efter hendes død en sømmelig jordefærd, hvorimod hendes efterladenskaber - da skal tilhøre ham - uden nogen pretention af medarvinger. Men dersom hun skulle vælge at flytte fra ham, da gives hende allene 1 tønde rug til fulde i aarlig aftægt.

Paa slige vilkaar jeg hermed stæder og fæster berørte Daniel Christensen ermeldte stæd - ansat under nr. 3 i Øster-Bur af hartkorn efter nye matricuel - 3 tønde - 5 skjæpper - 1 album - med bygninger og besætning ligesom det forefindes - at antage og beholde udi fæste og brug, saalænge han deraf svarer nuværende og paakommende kongelige contributioner til forfaldstiderne, item den aucorderede land¬gilde til næstkommende "Martiny" og fremdeles aarlig til samme tid - rede penge = 2 rigsdaler 3 mark - samt sundt og rent rug - 1 tønde forordnet landgildemaal, hvilket sidste, nemlig rugen, ydes aarlig til "Mikkelsdag" som forlanges. Saa forretter han og hoveri af 1/4 ploug eller 1-1/2 bæst her til gaarden, udi alt forefaldende efter den allernaadigste approberede hoveri reglement.

Af den paa stædet fæstende restance af sidste aars landgilde, dette aar Talt 17 rigsdaler 5 mark 12 skilling - betaler fæsteren til næste "Mikkelsdag" 8 rigsdaler, og inden "Mikkelsdag" 1788, ligeledes 8 rigsdaler, det øfrige deraf er ham eftergivet - og desuden lovet ham hjælp af et læs tømmer til husenes reparation

Saaledes er stædet ham uden nogen indfæstning forundt, han holder bygninger og besætning i forsvarlig stand, jorden tilbørlige driver og dyrker, intet af ejendommen til uplight bruge eller bortleje, mindre lade det forvilde eller paa nogen maade fra stædet bortvende.

Men som en fæste-hoveri-bonde efter "Hans Majestædts" allernaadigste lou og anordninger af forholde.

> *Dette til bekræftelse under min haand og segl, samt fæsterens givende revers.*
> *Datum Nørrevosborg den 2. juni 1787.*
> *P.S. Indmeldte hoveri er den fæstende befriet for denne sommer indtil næste rug-pløjen, da samme først tager sin begyndelse.*
> *Datum ut supra. - Peder Tang.*

Ligelydende original fæstebrev haver jeg underskrevet modtaget, som jeg herved forpligter mig i alle dele at efterleve og opfylde, under dette mit fæstes forbrydelse.

> *Datum ut supra. - Daniel Christensen.*

## Fæstebrev i uddrag til Christen Danielsen

Andreas Evald Mienert Tang, ejer af Hovedgaarden Nørre-Vosborg og underliggende Bøndergods.

Gjør vitterlig: at have stædet og fæstet, som jeg hermed stæder og fæster til Christen Danielsen én mig tilhørende gaard i Buur sogn Mølgaard kaldet af hartkorn 3 tdr. 4 skjp. 2 fjdk. 1-8/10 album, med bygninger - besætning og inventarium i overensstemmelse med den hos forhæftede og tilforseglede Syns og Taxations-forretning.

Hvilke samtlige ejendomme med alle disses lovlige tilliggender, benævnte Christen Danielsen og hans hustru, om hun overlever ham og forbliver i enkestand, maa nyde bruge og beholde i fæste og besiddelse deres livstid paa følgende vilkaar:

Uddrag:

Disse vilkaar, er som nævnt, næsten ens til alle fæstere, som hoppede paa vognen igen, kun beløbene der skulle betales, og arbejdet der skulle udføres, kunne afvige fra sted til sted. Her skulle der, fouden skatterne, betales i landgilde 22 rigsbankdaler rede sølv - paa Nørre-Vosborg - hvert aars iste november - og hvert aars midsommer - i arbejdspenge 5 rigsbankdaler i rede sølv, disse arbejdspenge kunne der søges om at faa lov til at udføre arbejde for, hvis man ønskede det, og fæstebrevet fortsatte saa med alle disse pligter, der saa fulgte med, det er stort set ens, i de fæstebreve A.E.M. Tang - udstedte, f.eks. til Peder Christensen Sand i Rørsgaard samme aar.

Fæstebrevet slutter som sædvanlig med dato og navn

*Nørre-Vosborg den 31. december 1833.*

*A.E.M. Tang.*

## Arvefæsteskøde til Anders Jacobsen i 1876

Der lyder saaledes - Et lille uddrag:

Undertegnede Marie Elise Tang, enke efter afdøde "Etatsraad" Tang til "Nørre-Vosborg" tilstaaes og vitterliggjør herved, at jeg uden forudgaaende oprettet kjøbekontrakt, har solgt, ligesom jeg herved skjøder og overdrager til Anders Jacobsen, som arvefæster, med ret til at sælge og pantsætte - den af Jens Christensen Dige, tidligere i fæste hafte og mig ifølge tinglyst disposition tilhørende ejendom under Nørrevosborg gods - Kjærsgaard kaldet.

Arealet var 2 tønder 6 skjæpper 2 fjerdingkar 1-1/2 album - gammelskat 48 kr. 93 ører med alle paastaaende bygninger, købesummen var 4.600 kr. - Anders Jacobsen overtage et kreditforeningslaan lydende paa 2.700 kroner, for restgælden 1.900 kr. udstedes en pante-obligation til ejeren af Nørrevosborg arvefæste-afgift 32 kroner - samt recognition ved ejerskifte 64 kroner.

Det bemærkes, at det paa Kjærsgaard hede opførte hus, der beboes af Bertel Sig og hustru, der svarer ejeren 20 kr. i aarlig lejeafgift. Efter det nævnte ægtepars død, falder tilbage til gaarden.

Samtidig med nærværende skødes tinglysning, aflyses den forrige -fæsters - fæstebrev paa gaarden tinglyst 11 januar 1839; men det dente fæster Jens Christensen Kjærdiges fraseparerede hustru - havde krav paa ifølge forligscontrakt fra 6 marts 1867 - skal opfyldes.

Marie Kirstine Andersdatter var bosat i ejendommen "Blindkilde" i Vester-Buur, det kunne nok antages at være indenfor den halve miil, der var en betingelse for leveringen af goderne.

*Underskrevet paa Nørre-Vosborg den 20 marts 1876.*

*Marie Elise Tang.*